D1629057

DER INDIANER & DIE GRILLE

DER INDIANER & DIE GRILLE

168 Stories zum Nachdenken
und Weitererzählen

...ausgewählt von Gerhard Reichel

Eine Fundgrube für Manager, Redner, Texter, Moderatoren, Seminarleiter, Journalisten, Autoren und alle, die ihre Zuhörer und Leser weniger belehren und dafür lieber unterhalten wollen.

Kontaktadresse:

Gerhard Reichel
Goethestraße 1
91301 Forchheim
Telefon   0 91 91 / 8 95 01
Telefax   0 91 91 / 28 01

ISBN 3-923241-03-8

© by Brigitte Reichel Verlag
Alle Rechte vorbehalten.

Inhaltsverzeichnis

Vorwort

01 Der Geschichtenerzähler
02 Das verlangende Herz
03 Der Bettler und der Reiche
04 Der Seuchengott
05 Behandlung auf Umwegen
06 Eine Biographie...
07 Der Dattelesser
08 Der hungrige Kaftan
09 Der verlorene Tag
10 Die Eiche und das Schilfrohr
11 Die Prophezeiung
12 Zeichne mir einen Hahn
13 Der Prinz und sein Schatten
14 Himmel und Hölle
15 Es fällt kein Meister vom Himmel
16 Klara, das Huhn
17 Der Hakim weiß alles
18 Über das ewige Leben
19 Der Baum und der Vogel
20 Ungeduld schadet
21 Das Kamel und die Ameise
22 Die alte Wasserpumpe
23 Der mißachtete Schatz
24 Der Samenverkäufer
25 Das Wasser des Lebens
26 Wieviel Erde braucht der Mensch
27 Das Hemd des glücklichen Menschen
28 Die zwei Hälften des Lebens
29 Noch ein langes Programm
30 Die Schaulustigen und der Elefant
31 Es ist alles relativ
32 Ungleiche Ansichten
33 Die Geschichte mit dem Hammer
34 Der Diener und der Tod
35 Michelangelo und der verpfuschte Marmorblock
36 Die Last der Erfahrung
37 Von den drei Boten
38 Vom Truthahn
39 Fußspuren
40 Gott urteilt nach anderen Maßstäben
41 Die frierenden Stachelschweine
42 Ausdauer
43 Der Kahn
44 Das Leben
45 Der kranke Löwe
46 Der Frosch und der Skorpion
47 Seltsame Partnerschaft
48 Das Glück im Schwanz
49 Der Wolf und der Schäfer
50 Der Fuchs und die Gänse
51 Der aufgeblähte Frosch
52 Das Gerücht
53 Zwei kanadische Holzfäller
54 Der Blutegel und die Libelle
55 Ein kleiner Fortschritt
56 Das Geschenk
57 Vielleicht
58 Der Wolf und das Lamm
59 Der Löwe und die Maus
60 Anna die Lokomotive
61 Theorie und Praxis
62 Der Weltveränderer
63 Der Diamant
64 Der Schatz der Schnecke
65 Auf der Durchreise
66 Das goldene Ei
67 Mißverständnis
68 Der Adler im Hühnerhof
69 Der Fluß und die Wüste
70 Blinder Gehorsam
71 Das fliegende Pferd
72 Barmherzigkeit und Dankbarkeit
73 Zu den „Fünf Glocken"
74 Bequemer Magen
75 Eine Messe für einen Hund
76 Den besten Samen teilen
77 Gute Regierung
78 Sie denkt, ich bin wirklich
79 Der Frosch im Brunnen
80 Münzenwurf als Schicksalsentscheidung
81 Moses Verwunderung
82 Wer fragt, der führt
83 Der Indianerhäuptling
84 Der Scheich und seine beiden Söhne
85 Eine merkwürdige Party
86 Die Fusion
87 Aktiv werden
88 Die Maus und der Adler
89 Das Duell
90 Die Parabel vom modernen Menschen
91 Die Schule der Tiere.
92 Freude an der Arbeit
93 Das Fensterbett
94 Der Schüler und sein Meister
95 Es liegt in Deiner Hand
96 Der Spatzen-Pfau
97 Die nutzlose Eiche

98	Teufelskreis	145	Eine mutige Antwort
99	Zwei Steine im Beutel	146	Übung macht den Meister
100	Die Auster und die Perle	147	Der Dialekt
101	Schere und Nadel	148	Werten
102	Gott fügt alles wunderbar	149	An sich glauben
103	Zimmer für eine Nacht	150	Just do it!
104	Die Energie der Stille	151	Falsches Vorbild
105	Vom Rauschen der Stille	152	Das Talent
106	Lord Krishna und die zwei Könige	153	Auf den Start kommt es an
107	Der Indianer und die Grille	154	Keiner blickt dir hinter das Gesicht
108	Das Wissen loslassen	155	Der ideale Chef
109	Tue, was du tust	156	Kleine Epistel
110	Schlüssel im Herzen	157	Zeit, um glücklich zu sein
111	Der verachtete Rat	158	Sieg
112	Der Mann und sein Schatten	159	Stufen
113	Bis die Seele nachkommt	160	Nimm dir Zeit
114	Zeichen auf dem Weg	161	Ich wünsche dir Zeit
115	Die Schale des Verlangens	162	Kämpfe darum, glücklich zu sein
116	Der Geizhals und der Engel des Todes	163	Ich bin ein freier Mensch
117	Weit wie der Himmel	164	Erkenntis
118	Teestunde	165	Jung sein
119	Der Schlüssel zur Harmonie	166	Der Mann im Spiegel
120	Der Axtdieb	167	Die Kunst der kleinen Schritte
121	Wer bist Du?	168	Die Entwicklung der Menschheit
122	Rumi und die Streitenden		
123	Verzerrte Wahrnehmung	Anhang:	
124	Sich selbst retten		
125	Carpe diem	12	Musterreden für verschiedene Anlässe
126	Die stumpfe Säge		ab Seite 202
127	Richtige Einstellung	Suchwortregister	
128	Sieben steuern, einer rudert		ab Seite 235
129	Harry, der Bettler auf der Themsebrücke		
130	Das Wunderkästchen		
131	Der Lahme und der Blinde		
132	Drei gute Ratschläge		
133	Der König und der Traumdeuter		
134	Keine Zeit		
135	Umgang mit der Zeit		
136	Die Schwierigkeit, es allen recht zu machen		
137	Das Seepferdchen auf der Suche nach dem Glück		
138	Die Tischrede		
139	Die zwei Freunde und der Bär		
140	Die vier archimedischen Punkte		
141	Das Gelübde		
142	Der Dombauer		
143	Der arme Fischer		
144	Die Mutprobe		

Was nützt Ihnen dieses Buch?

1. Es nützt Ihnen für die Entwicklung Ihrer Persönlichkeit.

„Ein wirklich gutes Buch sollte man dreimal lesen: in der Jugend, in reifen Jahren und im Alter - so wie man eine schöne Landschaft im Frühlicht, zur Mittagszeit und bei Mondschein gesehen haben sollte."

Die meisten Menschen lesen oder hören gerne Geschichten. Sie sind unterhaltend und regen zum Nachdenken an, ohne mit erhobenem Zeigefinger belehrend zu wirken.

Das haben alles geistlichen Lehrer der Menschheit wie z.B. Buddha oder Jesus erkannt und mit Geschichten, Beispielen und Gleichnissen den inneren Widerstand ihrer Zuhörer überwunden.

Sie wußten: von den Worten „Es war einmal..." geht ein Zauber aus, dem sich die wenigsten Menschen entziehen können.

Die Geschichten in diesem Buch haben etwas Besonderes an sich:

1. Sie sprechen das Herz, nicht den Verstand an und bleiben deshalb besser im Gedächtnis haften, als manch anspruchsvoller philosophischer Text.

2. Sie öffnen die Augen für die poetische Welt der Phantasie, entspannen und motivieren auf eine erfrischende Art.

3. Sie zeigen, wie man mit Lebenswitz und Klugheit bestehen kann. Sie haben etwas mit den Grundweisheiten zu tun, die alle Völker dieser Welt miteinander verbinden.

4. Ihre Botschaften machen geistige Zusammenhänge verständlich und durchschaubar.

Wenn Sie diese Geschichten auf eine bestimmte Art und Weise

lesen, werden sie bei Ihnen einen geistigen Reifeprozeß bewirken.

Was heißt das, „auf eine bestimmte Art und Weise lesen"?

Nicht bei allen Geschichten werden Sie die Botschaft, die eigentliche Quintessenz gleich beim ersten Lesen erkennen. Lassen Sie sich nicht entmutigen. Lesen Sie die Geschichte ein zweitesmal durch - und danach, nachdem Sie darüber nachgedacht haben, noch ein drittesmal. Dabei versuchen Sie, nachdenklich geworden, sie auf sich wirken zu lassen. Gehen Sie mit ihr „schwanger".

Allmählich wird sie sich in Ihr Unterbewußtsein einnisten, Sie werden ein Gefühl für ihre tiefere Bedeutung bekommen.

2. Es hilft Ihnen, andere Menschen zu motivieren und für Ihre Ideen zu begeistern

„Wie vermitteln wir unseren Mitarbeitern worauf es ankommt, ohne sie unter Druck zu setzen? Die beste Antwort in meinen Augen: durch Geschichten."

Tom Peters: Auf der Suche nach Spitzenleistungen

Wer in Reden und Gesprächen überzeugen will, muß **„Storytelling - quality"** demonstrieren, d.h., er muß gut Geschichten erzählen können. Alle großen Redner waren auch gute Geschichtenerzähler.

Welche Vorteile hat es, wenn auch Sie Ihre Meetings, Reden und Präsentationen ab und zu mit einer kleinen Geschichte würzen?

Geschichten, Beispiele oder auch persönliche Erlebnisse

- besitzen einen hohen **Unterhaltungswert,**

- haben einen hohen **Erinnerungswert,**

- machen komplizierte **Inhalte anschaulich.**

Dieses Buch soll Ihnen helfen, Ihre „story-telling-quality" zu verbessern.

Schon in der römischen Antike hat Cicero gefordert, daß ein guter Vortrag drei Bedingungen erfüllen muß. Er soll die Zuhörer:

1. docere, d.h. Wissen vermitteln

2. movere, d.h. motivieren

3. delectare, d.h. unterhalten.

Welche dieser drei Bedingungen aber kommt in der Praxis bei den meisten Reden zu kurz? Die Unterhaltung.

Die meisten Menschen lassen sich viel lieber unterhalten anstatt sich belehren zu lassen. Auf Belehrungen reagieren sie mit Furcht und Feindseligkeit.

Der amerikanische Philosoph Ralph Waldo Emerson hat recht, wenn er behauptet:

„Es ist ein Beweis hoher Bildung, die größten Dinge auf einfachste Art zu sagen".

Im Anhang Seite 202 finden Sie zwölf Beispiele dafür,

- wie Sie Geschichten in Motivationsreden und Referate einbauen können,

- wie Sie sie als wirkungsvolle „Aufhänger für Meetings und Konferenzen" benützen können,

- wie Sie mit ihrer Hilfe Reden und kleine Ansprachen in privatem Kreis unterhaltsam und pfiffig gestalten können,

- wie Sie Briefe lebendiger schreiben können.

Woher stammen die Geschichten?

Dieses Buch ist das Ergebnis einer 25-jährigen Sammlertätigkeit. Ich habe die Geschichten gefunden in Zeitschriften, Zeitungen und Büchern. Einige habe ich noch in Erinnerung aus meiner Kindheit. Besonders viele verdanke ich den Teilnehmern meiner Seminare.

Die meisten Geschichten stammen aus Quellen, deren Spuren sich im Sand west-östlicher Menschheitsgeschichte verlieren. Da sie im Regelfalle mündlich weitererzählt wurden, haben sie sich im Laufe der Jahrhunderte natürlich stark verändert. Deshalb war es mir nur in seltenen Fällen möglich, Quellen und Autoren auszumachen. Ich bitte meine Leser dafür um Verständnis.

Tauchen Sie jetzt ein in eine andersartige, märchenhafte, phantastische Welt. Stimulieren Sie die kreativen Kräfte, die in Ihnen schlummern. Ich wünsche Ihnen beim Lesen Spaß und viele Denkanstöße.

Forchheim, im November 1996

Gerhard Reichel

Der Geschichtenerzähler

Es war einmal ein alter Mann, dem es große Freude bereitete, Geschichten aus seinem Leben zu erzählen.

Die Menschen hörten ihm zu und glaubten, während sie ihm lauschten, ihre eigene Geschichte zu hören. Zugleich fühlten sie sich dabei merkwürdig geborgen.

Es half ihnen später, eigene Probleme, die denen in den Geschichten ähnelten, leichter zu lösen.

Dies bestärkte einige der Zuhörer sogar, selbst Geschichtenerzähler zu werden. Als sie ihre eigene Geschichte vortrugen, entdeckten sie Geheimnisse, die sie jahrelang gequält hatten. Irgendwie fühlten sie sich jetzt befreit.

Die Botschaft:

_____

_____

_____

Tragen Sie bitte hier ein, was Sie aus dieser Story für sich erkannt haben.

Das verlangende Herz

In Südindien fangen die Leute Affen auf eine merkwürdige Art. Sie höhlen eine Kokosnuß aus und ketten sie an den Boden. In eine Vertiefung darunter wird Futter geschüttet.

Die Öffnung der Kokosnuß ist gerade groß genug, daß der Affe seine Hand durchstrecken kann. Sobald er aber das Futter erfaßt hat und eine Faust macht, um es herauszuholen, kann er seine Hand nicht mehr zurückziehen. Für die Faust ist die Öffnung der Kokosnuß zu klein.

Alles, was der Affe tun müßte, um frei zu werden, wäre, das Futter loszulassen und seine Hand zu öffnen. *„Aber er kann nicht loslassen"*, sagen die Inder, weil er vom *„verlangenden Herzen"* gefangen ist.

Und dem verlangenden Herzen ist der Futternapf wichtiger als die Freiheit.

Die Botschaft:

_____

_____

_____

Tragen Sie bitte hier ein, was Sie aus dieser Story für sich erkannt haben.

3

Der Bettler und der Reiche

Abdul Rahman, der Reiche, kam jeden Morgen, wenn er in die Moschee ging, an einem Bettler vorbei.

Dieser verneigte sich jedesmal tief vor ihm, küßte seinen edelsteinbesetzten Rocksaum und rief etliche Male:

„Ich danke Dir, ich danke Dir."

Abdul Rahman wunderte sich und fragte schließlich den Bettler:

„Sag mir, warum dankst Du eigentlich immer? Ich habe Dir doch gar kein Bakschisch gegeben?"

Der Bettler gab ihm zur Antwort:

„Hab' ich nicht Ursache, Dir zu danken? Du bist der Wächter Deiner Juwelen, ich aber der Genießer."

Die Botschaft:

_____

_____

_____

Tragen Sie bitte hier ein, was Sie aus dieser Story für sich erkannt haben.

4

Der Seuchengott

Einst saß ein alter, weiser Mann unter einem Baum, als der Seuchengott des Weges kam. Der Weise fragte ihn:

„Wo gehst du hin?"

Und der Seuchengott antwortete ihm:

„Ich gehe in die Stadt und werde dort hundert Menschen töten."

Einige Monate später kam der Dämon auf seiner Rückreise wieder bei dem alten Weisen vorbei. Der Weise hielt ihn auf und sprach zu ihm:

„Du sagtest mir, Daß du hundert Menschen töten wolltest. Reisende aber haben mir berichtet, es wären zehntausend geworden."

Der Seuchengott gab zur Antwort:

„Ich tötete nur hundert. Die anderen hat die Angst umgebracht."

Die Botschaft:

_____

_____

_____

Tragen Sie bitte hier ein, was Sie aus dieser Story für sich erkannt haben.

5

Behandlung auf Umwegen

Als Hofarzt bei dem Herrscher Nuhe-Samani nahm Avicena an einem höfischen Fest teil.

Eine Hofdame trug eine große Obstschale auf. Als sie sich niederbeugte, um Avicena eine Frucht zu reichen, konnte sie sich plötzlich nicht mehr aufrichten und schrie vor Schmerzen.

Ein Hexenschuß hatte sie getroffen.

Der Herrscher blickte streng zu Avicena und befahl ihm, sofort zu helfen. Avicena dachte krampfhaft nach. Er hatte seine Medikamente zu Hause gelassen und mußte neue Wege finden. Mit diesem Gedanken griff er in die Bluse des Mädchens. Dieses zog sich empört zurück und jammerte alsdann über die noch unerträglicher gewordenen Schmerzen.

Der König war entrüstet über die Frechheit Avicenas. Aber noch bevor er etwas sagen konnte, griff dieser behend unter den Rock der Hofdame und versuchte, ihr mit einem Ruck den Schlüpfer herunterzuziehen. Das Mädchen wurde rot vor Scham und wehrte sich mit einer heftigen Bewegung.

Und was passierte?

Wie durch ein Wunder fielen die Schmerzen von ihr ab. Sie richtete sich frei von Schmerzen wieder auf.

Avicena rieb sich zufrieden die Hände: *„Sehr gut, auch ihr konnte geholfen werden."*

Die Botschaft:

_____

_____

Tragen Sie bitte hier ein, was Sie aus dieser Story für sich erkannt haben.

6

Eine Biographie, die nachdenklich macht

Es war einmal ein junger Mann, der mußte innerhalb von 25 Jahren folgende Schicksalsschläge einstecken:

Er machte bankrott.

Er kandidierte für den Senat und wurde nicht gewählt.

Er machte nochmals bankrott.

Das Mädchen, das er über alles liebte, starb.

Daraufhin erlitt er einen Nervenzusammenbruch.

Er kandidierte für den Kongreß und wurde nicht gewählt.

Er kandidierte erneut für den Kongreß und kam wieder nicht durch.

Jetzt kandidierte er noch einmal für den Senat und verlor wieder.

Er kandidierte für das Amt des Vizepräsidenten der Vereinigten Staaten und wurde geschlagen.

Er wurde auch beim dritten Versuch nicht in den Senat gewählt.

Wer war dieser Mann?

Abraham Lincoln, der populärste Präsident in der Geschichte der Vereinigten Staaten von Amerika.

Die Botschaft:

_____

_____

Tragen Sie bitte hier ein, was Sie aus dieser Story für sich erkannt haben.

Der Dattelesser

Eine Frau kam mit ihrem kleinen Sohn zu dem weisen Ali. „Meister", sprach sie, „mein Sohn ist von einem widerwärtigen Übel befallen. Er ißt Datteln von morgens bis abends. Wenn ich ihm keine Datteln gebe, schreit er, daß man es bis in den siebenten Himmel hört. Was soll ich tun, bitte hilf mir!"

Der weise Ali schaute das Kind freundlich an und sagte: *„Gute Frau, geht nach Hause und kommt morgen zur gleichen Zeit wieder!"*

Am nächsten Tag stand die Frau, müde von der langen Reise, mit ihrem Sohn wieder vor Ali. Der große Meister setzte den Jungen auf seinen Schoß, sprach freundlich zu ihm, nahm ihm schließlich die Dattel aus der Hand und sagte: *„Mein Sohn, erinnere dich der Mäßigkeit. Es gibt auch andere Dinge, die gut schmecken."*

Mit diesen Worten entließ er Mutter und Kind. Etwas verwundert fragte die Frau: *„Großer Meister, warum hast du das nicht schon gestern gesagt, warum mußten wir den langen Weg zu dir noch einmal machen?"*

„Gute Frau", antwortete da Ali, *„gestern hätte ich deinem Sohn nicht überzeugend sagen können, was ich ihm heute sagte, denn gestern hatte ich selber die Süße der Datteln genossen!"*

Die Botschaft:

_____

_____

_____

Tragen Sie bitte hier ein, was Sie aus dieser Story für sich erkannt haben.

Der hungrige Kaftan

In seinem bescheidenen, einfachen Alltagsgewand war ein Mullah zu dem Fest eines angesehenen Mitbürgers gegangen.

Um ihn herum glänzte die schönste Garderobe aus Seide und Samt. Geringschätzig musterten die anderen Gäste seine dürftige Kleidung.

Man schnitt ihn, rümpfte die Nase und drängte ihn fort von den herrlichen Speisen des kalten Büfetts.

Geschwind eilte der Mullah nach Hause, zog seinen schönsten Kaftan an und kam zurück auf das Fest, würdiger als einer der Kalifen.

Welche Mühe gab man sich nun um ihn! Jeder versuchte, mit ihm ins Gespräch zu kommen oder wenigstens eines seiner weisen Worte zu erhaschen. Es schien, als sei nun das kalte Büfett für ihn allein gedacht. Von allen Seiten bot man ihm die schmackhaftesten Speisen an.

Doch was machte der Mullah? Statt sie zu essen, stopfte er sie in die weiten Ärmel seines Kaftans. Genauso schockiert wie interessiert bestürmten ihn die anderen mit der Frage: *„O Herr, was machst du denn da? Warum ißt du nicht, was wir dir anbieten?"*

Der Mullah fütterte weiterhin seinen Kaftan und antwortete gelassen: *„Ich bin ein gerechter Mensch, und wenn wir ehrlich sind, gilt eure Gastfreundschaft nicht mir, sondern meinem Kaftan. Und der soll nun erhalten, was er verdient."*

Die Botschaft:

_____

_____

Tragen Sie bitte hier ein, was Sie aus dieser Story für sich erkannt haben.

Der verlorene Tag

Kaiser Titus speiste gerne mit seinen Beratern und Freunden zu Abend.

Dieses Mal gab es gesottene Tauben in Weißwein, und es herrschte wie immer am römischen Kaiserhof eine prächtige Laune.

Plötzlich aber hob der Imperator die rechte Hand zum Zeichen der Ruhe und sagte, so wie jemand spricht, dem plötzlich etwas Wichtiges einfällt:

„Amici, diem perdidi. (Freunde, ich habe einen Tag verloren.) Ich habe heute noch niemandem Gutes getan."

Die Botschaft:

_____

_____

_____

Tragen Sie bitte hier ein, was Sie aus dieser Story für sich erkannt haben.

Die Eiche und das Schilfrohr

Am Ufer eines Teiches wuchs eine mächtige und stolze Eiche. Sie trotzte jedem Wetter und beugte sich keinem Sturm.

In ihrer Nähe wuchs ein Schilfrohr. Es wirkte schwach und zerbrechlich, bei jedem leichten Windstoß schwankte es.

Der Eiche tat das Schilfrohr leid, und sie sagte zu ihm: *„Wenn du doch näher bei meinem starken Stamm gewachsen wärst! Dann könnte ich dich beschützen."*

Das kleine Schilfrohr bedankte sich für die Freundlichkeit, meinte jedoch, daß ihm schon nichts geschehen werde: *„Wenn ein gewaltiger Sturm kommt, dann beuge ich mich und lasse ihn über mich hinwegbrausen. Ich werde nicht brechen."*

Die starke Eiche verstand das Schilfrohr nicht, sie würde sich niemals beugen. Sie war davon überzeugt, jedem Sturm trotzig und kraftvoll Widerstand leisten zu können.

Eines Nachts fegte ein gewaltiger Orkan über die Gegend. Die Eiche blieb standhaft und wollte sich nicht unterwerfen.

Das Schilfrohr hingegen preßte sich eng gegen den Boden und ließ ihn über sich hinwegfegen. Und als sich der Orkan ausgetobt hatte, lag die Eiche am Boden: die Blätter weggefegt, Zweige und Äste zerbrochen, ihre Wurzeln aus dem Boden gerissen.

Das kleine Schilfrohr stand aufrecht und erwartete den Morgen.

La Fontaine

Die Botschaft:

_____

_____

Tragen Sie bitte hier ein, was Sie aus dieser Story für sich erkannt haben.

Die Prophezeiung

Ein Mann lebte am Straßenrand und verkaufte heiße Würstchen. Er war schwerhörig, deshalb hatte er kein Radio. Er sah schlecht, deshalb las er keine Zeitung.

Aber er verkaufte köstliche heiße Würstchen.

Das sprach sich herum und die Nachfrage stieg von Tag zu Tag. Er kaufte einen größeren Herd, mußte immer mehr Fleisch und Brötchen einkaufen.

Er holte seinen Sohn von der Universität zurück, damit er ihm half. Aber dann geschah etwas...

Sein Sohn sagte: *„Vater, hast Du denn nicht Radio gehört? Eine schwere Rezession kommt auf uns zu. Der Umsatz wird zurückgehen. Du solltest nichts mehr investieren!"*

Der Vater dachte: *„Mein Sohn hat studiert. Er schaut Fernsehen, hört Radio, liest Zeitung. Der muß es wissen."* Also verringerte er seine Fleisch- und Brötcheneinkäufe, sparte an der Qualität des Fleisches. Er verringerte seine Kosten, indem er keine Werbung mehr machte.

Und das Schlimmste: die Ungewißheit vor der Zukunft ließ ihn mißmutig werden im Umgang mit seinen Kunden.

Was passierte daraufhin?

Sein Absatz an heißen Würstchen fiel über Nacht.

„Du hattest recht, mein Sohn", sagte der Vater zum Jungen, *„es steht uns eine schwere Rezession bevor."*

Die Botschaft:

Tragen Sie bitte hier ein, was Sie aus dieser Story für sich erkannt haben.

Zeichne mir einen Hahn!

Ein chinesischer Kaiser hörte von einem großen Künstler, der sich auf Tuschezeichnungen verstand. Er ließ ihn vor seinem Thron erscheinen. *„Zeichne mir einen Hahn"*, sagte der Kaiser, *„ich mag Hähne."* Dies versprach der Künstler.

Nach drei Jahren erinnerte sich der Kaiser an den Künstler und fragte nach dem Hahn. Niemand wußte etwas darüber. Da stand der Kaiser von seinem Thron auf, und mit allen um ihn herum besuchte er den Künstler. Er wollte ihn zur Rechenschaft ziehen.

„Wo ist die Tuschezeichnung, die ich in Auftrag gab? Einen Hahn solltest du mir zeichnen, denn ich mag Hähne."

Der Künstler nahm ein großes Blatt und zeichnete in wenigen Augenblicken einen wunderschönen Hahn. Der Kaiser war zufrieden. Über den Preis allerdings war er erschrocken.

„In wenigen Augenblicken zeichnest du mühelos einen Hahn und willst so viel Geld haben?"

Da nahm ihn der Künstler mit und führte ihn durch sein Haus. In allen Räumen lagen große Papierstöße mit Zeichnungen und auf allen Blättern Hähne.

„Siehst du", sagte der Künstler, *„der Preis ist gerecht. Was dir so mühelos und einfach erscheint, das hat mich viel gekostet. Über drei Jahre habe ich gebraucht, um dir in wenigen Augenblicken diesen Hahn zu zeichnen."*

Die Botschaft:

Tragen Sie bitte hier ein, was Sie aus dieser Story für sich erkannt haben.

Der Prinz und sein Schatten

Es war einmal ein reicher Prinz, der liebte schöne Kleider, goldene Spangen und kostbare Ringe. So geschmückt zeigte er sich jeden Morgen, wenn die Sonne ihm ins Angesicht schien, seinem Volke, und er war glücklich, wenn alles funkelte und glänzte und die Menschen ihm zujubelten.

Eines Tages trat der Prinz erst am späten Nachmittag vor sein Volk. Die Sonne stand in seinem Rücken, und der junge Mann sah zum ersten Mal seinen eigenen Schatten.

Da überkam ihn ein unbändiger Zorn.

Sofort ließ er sein Pferd satteln. Er wollte fort. Als Prinz konnte er nicht einem Land herrschen, über das sein Schatten fiel. Er wollte da leben, wo es keinen Schatten gibt. So ritt er davon.

Er reitet noch heute.

Die Botschaft:

_____

_____

_____

Tragen Sie bitte hier ein, was Sie aus dieser Story für sich erkannt haben.

14

Himmel und Hölle

Einst kam ein Mann zum Propheten Elias. Ihn bewegte die Frage nach Himmel und Hölle, denn er wollte seinem Leben einen Sinn geben.

Da nahm ihn der Prophet bei der Hand und führte ihn durch dunkle Gassen in einen großen Saal, wo sich viele ausgemergelte Gestalten um die Feuerstelle drängten. Dort brodelte in einem großen Kessel eine köstlich duftende Suppe. Jeder der Leute besaß einen gußeisernen Löffel, der so lang war wie er selbst. Der Löffel war aufgrund seiner Größe zu schwer, um allein die Suppe damit zu schöpfen und zu lang, um damit die Nahrung zum Mund führen zu können. So waren die Menschen halb wahnsinnig vor Hunger und schlugen aufeinander ein vor Wut.

Da faßte Elias seinen Begleiter am Arm und sagte: *"Siehst Du, das ist die Hölle."*

Sie verließen den Saal und traten bald in einen anderen. Auch hier viele Menschen. Auch hier wieder ein Kessel Suppe. Auch hier die riesigen Löffel. Aber die Menschen waren wohlgenährt, und man hörte in dem Saal nur das zufriedene Summen angeregter Unterhaltung. Männer und Frauen hatten sich zusammengetan. Einige tauchten gemeinsam die schweren Löffel ein und fütterten die Gegenübersitzenden. Umgekehrt geschah es ebenso. Auf diese Weise wurden alle satt.

Und der Prophet Elias sagte zu seinem Begleiter: *"Siehst Du, das ist der Himmel."*

Die Botschaft:

_____

_____

Tragen Sie bitte hier ein, was Sie aus dieser Story für sich erkannt haben.

Es fällt kein Meister vom Himmel

Ein Zauberkünstler führte am Hofe des Sultans seine Kunst vor und begeisterte seine Zuschauer. Der Sultan selber war außer sich vor Bewunderung: *"Gott, stehe mir bei, welch ein Wunder, welch ein Genie!"*

Sein Wesir aber gab zu bedenken: *"Hoheit, kein Meister fällt vom Himmel. Die Kunst des Zauberers ist die Folge seines Fleißes und seiner Übungen".*

Der Sultan runzelte die Stirn. *"Du undankbarer Mensch! Wie kannst du behaupten, daß solche Fertigkeiten durch Übung kommen? Es ist wie ich sage: Entweder man hat das Talent oder man hat es nicht. Du hast es jedenfalls nicht, ab mit dir in den Kerker. Dort kannst du über meine Worte nachdenken. Damit du nicht so einsam bist und du deinesgleichen um dich hast, bekommst du ein Kalb als Kerkergenossen."*

Vom ersten Tag seiner Kerkerzeit an übte der Wesir nun, das Kalb hochzuheben, und trug es jeden Tag über die Treppen seines Kerkerturmes. Die Monate vergingen dabei.

Eines Tages erinnerte sich der Sultan an seinen Gefangenen. Er ließ ihn zu sich holen. Bei seinem Anblick aber überwältigte ihn das Staunen: *"Gott, stehe mir bei, welch ein Wunder, welch ein Genie!"*

Der Wesir, der mit ausgestreckten Armen einen Stier trug, antwortete mit den gleichen Worten wie damals: *"Hoheit, kein Meister fällt vom Himmel. Meine Kraft ist die Folge meines Fleißes und meiner Übung."*

Die Botschaft:

_____

_____

Tragen Sie bitte hier ein, was Sie aus dieser Story für sich erkannt haben.

16

Klara, das Huhn

Es war einmal ein Huhn, Klara genannt, das lief aufgeregt gackernd an einem Zaun entlang.

Klara wollte gerne zu dem Futter, das auf der anderen Seite lag. Sie versuchte alles mögliche:

Sie probierte über den Zaun zu fliegen, aber der war zu hoch.

Sie rannte gegen den Zaun, sie suchte eine Lücke.

Alles vergeblich. Klara machte nur einen kleinen, aber entscheidenden Fehler: Sie entfernte sich nur so weit vom Futter, daß sie es noch im Auge behalten konnte.

Und so wird sie niemals bemerken, daß der Zaun nur zehn Meter lang ist und sie am Ende mühelos auf die andere Seite gelangen könnte.

Klara wird verhungern.

Die Botschaft:

_____

_____

_____

Tragen Sie bitte hier ein, was Sie aus dieser Story für sich erkannt haben.

Der Hakim weiß alles

Ein Mann lag schwerkrank darnieder, und es schien, als sei sein Tod nicht fern. Seine Frau holte in ihrer Angst einen Hakim, den Arzt des Dorfes.

Der Hakim klopfte und horchte über eine halbe Stunde lang an dem Kranken herum, fühlte den Puls, legte seinen Kopf auf die Brust des Patienten, drehte ihn in die Bauch- und Seitenlage und wieder zurück, hob die Beine des Kranken an und dann den Oberkörper, öffnete dessen Augen, schaute in seinen Mund und sagte dann ganz überzeugt und sicher:

"Liebe Frau, ich muß Ihnen leider die traurige Mitteilung machen, Ihr Mann ist seit zwei Tagen tot."

In diesem Augenblick hob der Schwerkranke erschreckt seinen Kopf und wimmerte ängstlich: *"Nein, meine Liebste, ich lebe noch!"*

Energisch schlug da die Frau mit der Faust auf den Kopf des Kranken und rief zornig:

"Sei du still! Der Hakim, der Arzt ist Fachmann, und der muß es ja wissen."

Die Botschaft:

_____

_____

_____

Tragen Sie bitte hier ein, was Sie aus dieser Story für sich erkannt haben.

Über das ewige Leben

König Anoschirwan, den das Volk auch den Gerechten nannte, wandelte einst zur Zeit, als der Prophet Mohammed geboren wurde durch sein Reich.

Auf einem sonnenbeschienenen Hang sah er einen ehrwürdigen alten Mann mit gekrümmtem Rücken arbeiten. Gefolgt von seinem Hofstaat trat der König näher und sah, daß der Alte kleine, gerade ein Jahr alte Stecklinge pflanzte.

„Was machst du da?" fragte der König.

„Ich pflanze Nußbäume", antwortete der Greis.

Der König wunderte sich: „Du bist schon so alt. Wozu pflanzt du dann noch Stecklinge?

Du kannst ihr Laub nicht mehr sehen.

Du kannst in ihrem Schatten nicht mehr ruhen.

Auch ihre Früchte wirst du nicht mehr essen."

Der Alte richtete sich auf, schaute dem König in die Augen und sprach mit großem Ernst:

„Die vor uns kamen, haben gepflanzt, und wir konnten ernten. Wir pflanzen nun, damit die, die nach uns kommen, auch ernten können."

Sprach's und pflanzte weiter seine Stecklinge.

Die Botschaft:

_____

_____

Tragen Sie bitte hier ein, was Sie aus dieser Story für sich erkannt haben.

Der Baum und der Vogel

Es geschah einmal, daß aus der Erde eine kleine Pflanze emporwuchs. Sie freute sich so über das Licht und die Luft, daß sie sich mit allen Kräften entfaltete und größer und größer wurde. Ja, bald konnte man sehen, wie ein kleiner Baum dastand, mit zarten Zweigen und Blättern, in einem wunderschönen Grün.

Eines Tages ließ das Bäumchen seine Blätter traurig hängen, und auch die kleinen Äste neigten sich zur Erde. Ein Vogel, der in dieser Gegend gerne in den Zweigen der Bäume sang, merkte das, flog auf einen der Äste und fragte den jungen Baum, was geschehen sei.

„Ach", klagte er, „ich will nicht mehr weiter wachsen. Wenn ich alle die schönen, großen, starken Bäume um mich sehe, wie sie ihre mächtigen Zweige gegen den blauen Himmel recken, dann denke ich: Das schaffst du nie!"

Der Vogel wiegte sich eine Weile auf dem biegsamen Ast, während er nachdachte. Dann sagte er: *„Du mußt Geduld haben. Jeden Tag bekommst du soviel Sonne, Regen und Wind, wie du gerade brauchst. Nimm das und sei zufrieden! Alles andere wird sich von selbst finden."*

Die Botschaft:

_____

_____

_____

Tragen Sie bitte hier ein, was Sie aus dieser Story für sich erkannt haben.

20

Ungeduld schadet

Ein chinesischer Bauer hatte seine Reispflänzchen zur rechten Zeit in den Boden eingebracht und versäumte keinen Morgen, zum Feld zu gehen, um nach dem Gedeihen der noch zarten Halme zu schauen.

Die Voraussetzungen dazu waren gut: Er hatte gedüngt, fleißig gewässert und auch die Pflanzen sicher und fest im Boden eingedrückt. Die Sonne schien, und die Luft war lau und mild.

Zwei Wochen gingen ins Land, unser Bäuerchen wurde ungeduldig. Die Pflanzen schienen ihm nur wenig größer geworden zu sein. Er sann auf ein Mittel, den Trieb zu beschleunigen. Da kam ihm eine Idee: Täglich zog er ein bißchen an den Halmen.

Als er aber am siebten Tag aufs Feld kam, was mußte er sehen?

Die Pflänzchen lagen welk und entwurzelt im Wasser und er mußte mit seiner Arbeit von vorne beginnen.

Die Botschaft:

_____

_____

_____

Tragen Sie bitte hier ein, was Sie aus dieser Story für sich erkannt haben.

21

Das Kamel und die Ameise

Einmal weidete ein Kamel in der Steppe und sah im Gras zu seinen Füßen eine winzige kleine Ameise. Die kleine Ameise schleppte einen großen Halm, zehnmal größer, als sie selbst war.

Das Kamel sah ihr eine Weile zu, wie sie sich abschleppte, und meinte dann:

„Je länger ich dir zuschaue, desto mehr bewundere ich dich.

Du schleppst, als wäre das gar nichts, einen Strohhalm, zehnmal größer als du selbst bist. Und ich knicke schon unter einem einzigen Sack ein. Wie kommt das?"

„Wie das kommt?" meinte die Ameise und hielt eine Weile inne. „Es ist, weil ich für mich selbst arbeite und du für deinen Herrn!"

Die Botschaft:

_____

_____

_____

Tragen Sie bitte hier ein, was Sie aus dieser Story für sich erkannt haben.

22

Die alte Wasserpumpe

Vor Jahren gab es in der Wüste von Nevada in Amerika einen alten Brunnen. Als ein Reisender dort einmal durstig ankam, sah er die alte Pumpe und betätigte sie, in der Hoffnung, seinen Durst löschen zu können.

Doch er hatte kein Glück.

Da fiel sein Blick auf ein Stück verblichenes Papier, das in einer rostigen Büchse am Brunnenrand steckte. Der Reisende nahm das Papier heraus und las:

„Diese Pumpe wurde im Juli 1928 installiert. Wenn Sie sie benutzen wollen, könnte die Gummidichtung ausgetrocknet sein. In diesem Fall muß die Pumpe mit Wasser angegossen werden. Unter dem weißen Felsen habe ich eine Wasserflasche vergraben, deren Inhalt hierzu ausreicht.

Wichtig: wenn Sie nur einen Schluck von dem Wasser trinken, wird der Rest nicht mehr ausreichen, um die Pumpe funktionsfähig zu machen. Sie wird dann kein Wasser mehr geben.

Wenn Sie jedoch nach meinen Anweisungen gehandelt haben, vergessen Sie bitte nicht, die Wasserflasche neu zu füllen und mit dieser Notiz für den nächsten durstigen Reisenden zu hinterlassen."

Wüsten-Sam

Die Botschaft:

_____

_____

_____

Tragen Sie bitte hier ein, was Sie aus dieser Story für sich erkannt haben.

23

Der mißachtete Schatz

In Persien lebte einmal ein Mann, der am Strand des Meeres entlanggeht und ein Säckchen voller kleiner Steine findet.

Achtlos läßt er die Steine durch seine Finger gleiten und schaut dabei aufs Meer. Er beobachtet die zahlreichen Möwen, die auf den Wellen schaukeln, und wirft übermütig mit den Steinchen nach den Vögeln. Spielerisch schleudert er die kleinen Dinger ins Meer, und eines nach dem anderen versinkt in den Wogen. Einen einzigen Stein nur behält er in der Hand und nimmt ihn mit nach Hause.

Doch was muß er da feststellen? Beim Schein des Herdfeuers erblickt er in dem unscheinbaren Stein einen herrlich funkelnden Diamanten.

„Du Dummkopf", schilt er sich selbst, „wie gedankenlos hast du einen ungeheuren Schatz verschleudert."

Er eilt zum Strand zurück, die verlorenen Diamanten zu suchen. Doch vergebens, sie liegen unerreichbar auf dem Meeresgrund verborgen. Keine Selbstanklage und Reue, keine Tränen und Vorwürfe können ihm den achtlos weggeworfenen Schatz zurückgeben.

Die Botschaft:

_____

_____

_____

Tragen Sie bitte hier ein, was Sie aus dieser Story für sich erkannt haben.

24

Der Samenverkäufer

Ein junger Mann betrat einen Laden. Hinter der Theke stand ein älterer Mann.

„Was verkaufen Sie, mein Herr?" fragte der Junge.

„Alles, was Sie wollen!" antwortete der Alte.

„Na, wenn dem so ist, dann hätte ich gerne den Weltfrieden, die Beseitigung der Armut, das Ende der Rassentrennung, die Gleichberechtigung zwischen Mann und Frau..."

Da fiel ihm der Alte freundlich ins Wort:

„Entschuldigen Sie , junger Mann, ich habe mich wohl falsch ausgedrückt:

Wir verkaufen Ihnen keine Früchte, wir sind eine Samenhandlung!"

Die Botschaft:

_____

_____

_____

Tragen Sie bitte hier ein, was Sie aus dieser Story für sich erkannt haben.

Das Wasser des Lebens

Einst war in einem fernen Königreich eine Krankheit ausgebrochen, an der alle zu sterben drohten. Der Zufall fügte es, daß just zu dieser Zeit ein weitgereister Arzt zum Palast kam, der eine kleine Flasche Medizin mit sich trug, gerade genug, um eine einzige Person von der Seuche zu bewahren. Die Wachen führten ihn vor den König.

Der König ließ die Weisen seines Landes zusammenrufen und fragte sie, ob er das Wasser des Lebens zu sich nehmen solle. Und die Weisen antworteten: *„Aber ja, großer König, wenn du das Wasser des Lebens nicht trinkst, mußt du sterben. Darum trink es, und so bleibt der Edelste von uns am Leben."*

Nachdenklich fragte der König: *„Sind eigentlich alle Weisen aus meinem Lande heute hier?"* Da stellte sich heraus, daß einer fehlte, der im äußersten Winkel des Königreiches lebte. Da befahl der König, auch diesen herzuholen.

Als der Alte schließlich vor dem Thron kniete, richtete der König die gleiche Frage an ihn: *„Sag mir, mein Freund, soll ich das Wasser des Lebens trinken?"*

Der Weise überlegte lange und sagte dann mit leiser Stimme: *„Trink nicht davon! Denn siehe, wenn einer alleine überlebt, ohne Freunde, ohne Familie, ohne sein Volk, ohne Geselligkeit und ohne Liebe, dann fehlt ihm alles, was das Leben lebenswert macht, dann ist er lebendig tot. Willst du das?"*

Die Botschaft:

_____

_____

Tragen Sie bitte hier ein, was Sie aus dieser Story für sich erkannt haben.

26

Wieviel Erde braucht der Mensch?

Es war einmal ein armer Bauer, der kaum das Nötigste zum Leben hatte. Ein reicher Großgrundbesitzer hatte deshalb Mitleid mit ihm und sagte:

„Ich schenke dir Land, und zwar so viel, wie du in der Zeitspanne zwischen Sonnenaufgang und Sonnenuntergang zu Fuß schreiten kannst. Die einzige Bedingung: Du mußt, wenn die Sonne untergeht, genau wieder an dem Punkt angekommen sein, an dem du morgens aufgebrochen bist."

Zunächst ist der arme Bauer überglücklich, weil er bei weitem nicht den ganzen Tag brauchen wird, um so viel Land zu umwandern, wie er zu einem reichlichen Lebensunterhalt braucht.

So geht er frohen Mutes los, ohne Hast, mit ruhigem Schritt.

Doch dann kommt ihm ein Gedanke: warum willst du diese einmalige Chance nicht auszunützen, um soviel Boden wie nur eben möglich zu gewinnen? Er malt sich aus, was er alles mit dem neugewonnenen Reichtum anfangen wird.

Sein Schritt wird schneller, allerdings orientiert er sich ständig am Stand der Sonne, um nur ja nicht den Zeitpunkt zur Rückkehr zu verpassen.

Er geht in einem großen Kreis weiter, um noch mehr Land zu erhalten. Dort will er noch einen Teich hinzubekommen, hier eine besonders saftige Wiese und da wiederum ein kleines Wäldchen.

Sein Schritt wird hastig, sein Atem wird zum Keuchen, sein Herz jagt, der Schweiß tritt ihm auf die Stirn.

Endlich, mit letzter Kraft und mit dem letzten Strahl der untergehenden Sonne erreicht er den Ausgangspunkt. Ein riesiges Stück Land gehört ihm - doch da bricht er vor Erschöpfung zusammen und stirbt.

Es bleibt ihm jenes winzige Stück Erde, in dem er beerdigt wird.

Mehr braucht er jetzt nicht mehr.

Die Botschaft:

_____

_____

_____

Tragen Sie bitte hier ein, was Sie aus dieser Story für sich erkannt haben.

Das Hemd des glücklichen Menschen

Ein Kalif lag sterbenskrank in seinen seidenen Kissen. Die Hakims, die Ärzte seines Landes, standen um ihn herum und waren sich einig, daß nur eines dem Kalifen Heilung und Rettung bringen kann: das Hemd eines glücklichen Menschen, das dem Kalifen unter den Kopf gelegt werden müsse.

Boten schwärmten aus und suchten in jeder Stadt, in jedem Dorf und in jeder Hütte nach einem glücklichen Menschen. Doch alle, die sie nach ihrem Glück fragten, hatten nur Sorgen und Kummer.

Endlich trafen die Boten, als sie ihre Hoffnung schon aufgeben wollten, einen Hirten, der lachend und singend seine Herde bewachte. Ob er glücklich sei? *"Ich kann mir niemanden vorstellen, der glücklicher ist als ich"*, antwortete der Hirte lachend. *"Dann gib uns dein Hemd"*, riefen die Boten. Der Hirte aber sagte: *"Ich habe keines."*

Diese dürftige Botschaft, daß der einzige glückliche Mensch, den die Boten trafen, kein Hemd hatte, gab dem Kalifen Anlaß nachzudenken. Drei Tage und Nächte ließ er niemanden zu sich kommen. Am vierten Tage schließlich ließ er die seidenen Kissen und seine Edelsteine unter dem Volk verteilen, und wie die Legende erzählt, war der Kalif von diesem Zeitpunkt an gesund.

Die Botschaft:

_____

_____

_____

Tragen Sie bitte hier ein, was Sie aus dieser Story für sich erkannt haben.

28

Die zwei Hälften des Lebens

Ein Mullah, stolzer Besitzer eines Kahns, lud den Schulmeister seines Dorfes zu einer Bootsfahrt auf dem Kaspischen Meer ein. Behaglich räkelte sich der Schulmeister unter dem Sonnendach des Bootes und fragte den Mullah: *„Wie wird wohl heute das Wetter werden?"*

Der Mullah prüfte den Wind, blickte zur Sonne und sagte: *„Wenn du mir fragst, wir kriegen Sturm."* Entsetzt rümpfte der Schulmeister die Nase und kritisierte: *„Mullah, hast du nie Grammatik gelernt? Das heißt nicht mir, sondern mich."*

Dafür hatte der so Getadelte nur ein Achselzucken übrig: *„Was kümmert mir die Grammatik?"* Der Schulmeister war verzweifelt: *„Du kannst keine Grammatik. Damit ist die Hälfte deines Lebens vergeudet."*

Wie es der Mullah vorausgesagt hatte, zogen am Horizont dunkle Wolken auf, ein starker Sturm peitschte die Wogen und das Boot schwankte wie eine Nußschale. Die Wellen ergossen riesige Wassermassen über das kleine Schiff. Da fragte der Mullah den Schulmeister: *„Hast du jemals in diesem Leben Schwimmen gelernt?"*

Der Schulmeister antwortete: *„Nein, warum sollte ich denn Schwimmen lernen?"*

Breit grinsend gab ihm der Mullah zur Antwort: *„Damit ist jetzt dein ganzes Leben vergeudet, denn unser Boot ist gerade dabei zu sinken."*

Die Botschaft:

___

___

Tragen Sie bitte hier ein, was Sie aus dieser Story für sich erkannt haben.

29

Noch ein langes Programm

Ein Kaufmann hatte hundertfünfzig Kamele, die seine Stoffe trugen und vierzig Knechte und Diener, die ihm gehorchten.

An einem Abend lud er seinen Freund Saadi zu sich. Die ganze Nacht fand er keine Ruhe und sprach fortwährend über seine Sorgen, Nöte und die Hetze seines Berufes. Er erzählte von seinem Reichtum in Turkestan, sprach von seinen Gütern in Indien, zeigte die Grundbriefe seiner Ländereien und seine Juwelen.

„Oh Saadi", seufzte der Kaufmann, „Ich habe nur noch eine Reise vor. Nach dieser Reise will ich mich endlich zu meiner wohlverdienten Ruhe setzen, die ich so ersehne wie nichts anderes auf der Welt."

„Und wohin soll die Reise gehen?" fragte sein Freund.

Die Augen des Kaufmanns begann zu leuchten: „Ich will persischen Schwefel nach China bringen, da ich gehört habe, daß er dort sehr wertvoll sei. Von dort will ich chinesische Vasen nach Rom bringen. Mein Schiff trägt dann römische Stoffe nach Indien, von wo ich indischen Stahl nach Halab bringen will. Von dort will ich Spiegel und Glaswaren in den Yemen exportieren und von dort Samt nach Persien einführen."

Mit einem träumerischen Gesichtsausdruck verkündete er dem ungläubig lauschenden Saadi: „Und danach gehört mein Leben der Ruhe, Besinnung und Meditation, dem höchsten Ziel meiner Gedanken."

Die Botschaft:

Tragen Sie bitte hier ein, was Sie aus dieser Story für sich erkannt haben.

Die Schaulustigen und der Elefant

Man hatte einen Elefanten zur Ausstellung bei Nacht in einen dunklen Raum gebracht. Die Menschen strömten in Scharen herbei.

Da es dunkel war, konnten die Besucher den Elefanten nicht sehen, und so versuchten sie, seine Gestalt durch Betasten zu erfassen. Da der Elefant groß war, konnte jeder Besucher nur einen Teil des Tieres greifen und es nach seinem Tastbefund beschreiben. Einer der Besucher, der ein Bein des Elefanten erwischt hatte, erklärte: *„Der Elefant sieht aus wie eine starke Säule."*

Für einen zweiten, der die Stoßzähne berührte, war klar: *„Der Elefant hat die Form eines spitzen Gegenstandes."*

Ein dritter, der das Ohr des Tieres ergriff, behauptete: *„Der Elefant ist eine Art Fächer."*

Mit gleicher Überzeugung aber meinte der vierte, der über den Rücken des Elefanten strich, daß der Elefant so gerade und flach sei wie eine Liege.

Die Botschaft:

_____

_____

_____

Tragen Sie bitte hier ein, was Sie aus dieser Story für sich erkannt haben.

Es ist alles relativ

Ein armer Mann kommt zum Mullah und klagt ihm, daß er mit seiner ganzen Familie, Frau, Kinder, Eltern, in einem ganz kleinen Raum leben müsse. Es sei kaum auszuhalten vor Enge; Streit und Hader seien an der Tagesordnung. Ob der Mullah ihm helfen könne?

Der weise Mullah fragt: *"Hast du auch eine Ziege? Hast du Hühner?"* Der arme Mann hat eine Ziege und ein paar Hühner.

"Dann nimm die Hühner und die Ziege noch mit hinein in den Raum."

"Aber, Ehrwürden, wie könnt ihr mir so einen Rat geben? Ich sage euch ja, wir drücken uns sowieso schon fast tot."

Der Mullah aber läßt nicht locker. *"Nimm Ziege und Hühner mit in die Stube!"* befiehlt er.

Nach zwei Wochen kommt der arme Mann wieder. Er zittert am ganzen Körper. *"Ehrwürden, kann ich jetzt die Ziege und die Hühner wieder zurücktun in den Verschlag?"* Der Mullah erlaubt es.

Nach einiger Zeit kommt er an der Behausung des armen Mannes vorbei und fragt: *"Nun, wie geht es, ist es immer noch so eng bei euch?"*

"Ehrwürden", sagt der arme Mann, *"es geht uns gut. Wir haben das Gefühl, wir wohnen in einem Palast!"*

Die Botschaft:

_____

_____

Tragen Sie bitte hier ein, was Sie aus dieser Story für sich erkannt haben.

Ungleiche Ansichten

Es war einmal ein Adler, der hörte viel Positives von der Nachtigall und hätte gerne Gewißheit gehabt, ob alles auf Wahrheit beruhe.

Darum schickte er den Pfau und die Lerche aus, sie sollten das Federkleid der Nachtigall betrachten und ihren Gesang belauschen.

Als sie wiederkamen, sprach der Pfau:

„Der Anblick ihres erbärmlichen Kittels hat mich so verdrossen, daß ich ihren Gesang gar nicht gehört habe."

Die Lerche aber sprach: *„Ihr Gesang hat mich so entzückt, daß ich ganz vergaß, auf ihr Federkleid zu achten."*

Die Botschaft:

_____

_____

_____

Tragen Sie bitte hier ein, was Sie aus dieser Story für sich erkannt haben.

33

Die Geschichte mit dem Hammer

Ein Mann will ein Bild aufhängen. Den Nagel hat er, nicht aber den Hammer. Der Nachbar hat einen. Also beschließt unser Mann, hinüberzugehen und ihn auszuborgen.

Doch da kommt ihm ein Zweifel: Was, wenn der Nachbar mir den Hammer nicht leihen will? Gestern schon grüßte er mich nur so flüchtig. Vielleicht war er in Eile. Aber vielleicht war die Eile nur vorgeschützt, und er hat etwas gegen mich. Und was? Ich habe ihm nichts angetan, der bildet sich da etwas ein. Wenn jemand von mir ein Werkzeug borgen wollte, ich gäbe es ihm sofort. Und warum er nicht? Wie kann man einem Mitmenschen einen so einfachen Gefallen abschlagen? Leute wie dieser Kerl vergiften einem das Leben. Und dann bildet er sich noch ein, ich sei auf ihn angewiesen. Bloß weil er einen Hammer hat. Jetzt reicht's mir wirklich.

Und so stürmt er hinüber, läutet, der Nachbar öffnet, doch bevor er *„Guten Tag"* sagen kann, schreit ihn unser Mann an: *„Behalten Sie Ihren Hammer, Sie Rüpel!"*

Paul Watzlawick

Die Botschaft:

_____

_____

_____

Tragen Sie bitte hier ein, was Sie aus dieser Story für sich erkannt haben.

Der Diener und der Tod

Der Lieblingsdiener stürzte ins Gemach des Sultans, warf sich ihm zu Füßen und bat um das schnellste Roß.

„Ich muß nach Basra fliehen. Im Park steht der Tod und streckt seine Hände nach mir aus."

Der Sultan gab ihm das Pferd; der Jüngling sprengte davon.

Der Herrscher begab sich in den Garten und sah den Tod:

„Was fällt dir ein, meinen Diener zu bedrohen?"

„Ich habe ihn nicht bedroht", antwortete der Tod. *„Ich hob nur meine Arme, erstaunt, ihn noch hier zu sehen; denn ich bin in fünf Stunden mit ihm verabredet. Auf dem Markt in Basra."*

Die Botschaft:

_____

_____

_____

Tragen Sie bitte hier ein, was Sie aus dieser Story für sich erkannt haben.

35

Michelangelo
und der verpfuschte Marmorblock

Es war einmal eine reiche Signora aus Florenz, die hatte einen großen Marmorblock bestellt und einen Bildhauer beauftragt, daraus eine Figur zu meißeln.

Der aber sah absolut keine Möglichkeit, aus diesem Marmor eine Figur herauszuholen.

So lag der große Block herum. Auch andere Bildhauer kamen, schauten und gingen wieder.

Doch dann kam eines Tages Michelangelo, der berühmte Maler und Bildhauer, in seine Vaterstadt und sah den Stein.

Er maß ihn ab. Er überlegte. Und merkwürdig: immer deutlicher sah er vor sich, in dem verpfuschten Marmor, genau die Figur, welche sich die Florentinerin wünschte.

Er sah den David, die Schleuder auf der Schulter, die Kieselsteine in der Hand, wie er gelassen und gelöst zum Kampf gegen Goliath ausschritt.

Entschlossen nahm er Hammer und Meißel und begann zu arbeiten. Die Neunmalklugen lachten. Wußten sie doch, daß aus diesem Block nichts mehr werden könne. Er aber meißelte. Und während sie noch lästerten, überzeugt, daß auch er scheitern werde, wuchs unter seinen Händen eine der größten Plastiken dieser Welt.

Die Botschaft:

_____

_____

_____

Tragen Sie bitte hier ein, was Sie aus dieser Story für sich erkannt haben.

Die Last der Erfahrung

Ein Esel, mit Salzsäcken beladen, mußte einen Fluß durchwaten. Er stürzte, erhob sich wieder und stellte mit Freude fest, daß seine Last leichter geworden war.

Einige Tage darauf mußte er, beladen mit Schwämmen, den gleichen Fluß überwinden.

Er entsann sich der Erfahrung mit dem Salz und tauchte absichtlich unter.

Als er aufstand, hatte sich seine Last vervielfacht.

nach Babrios

Die Botschaft:

_____

_____

_____

Tragen Sie bitte hier ein, was Sie aus dieser Story für sich erkannt haben.

37

Von den drei Boten

Ein König sandte drei Männer mit einer geheimen Botschaft an einen anderen König aus. Dabei mußten sie durch Länder ziehen, die den König befehdeten.

Der erste verhielt sich klug und kam unerkannt an sein Ziel.

Der Zweite wurde gefaßt, aber intelligent, wie er war, entkam er seinen Häschern wieder.

Den Dritten faßte man ebenfalls und entdeckte, daß er ein Geheimnis trug. Um es ihm zu entlocken, quälte man ihn und spannte ihn auf die Folter. So sehr sie ihn aber auch quälten, er blieb standhaft und schwieg wie ein Grab.

Endlich sahen sie ein, daß es nutzlos war, ließen von ihm ab und so gelangte er an den Hof des befreundeten Königs. Dort stellte man Überlegungen an, welchem der drei die höchste Belohnung zukomme.

Einige sagten: *„Dem Ersten, den er war so klug, sich nicht fassen zu lassen."*

Andere sagten: *„Dem Zweiten, denn infolge seiner Schlauheit konnte er wieder entweichen."*

Der König aber entschied sich für den Dritten:

„Ihm gebührt mehr als allen anderen. Denn trotz Folter hat er der Versuchung, das Geheimnis preiszugeben, standgehalten. Seine Standhaftigkeit verdient höchste Belohnung."

Frei nach *Die Erzählungen des Rabbi Nachmann*

Die Botschaft:

Tragen Sie bitte hier ein, was Sie aus dieser Story für sich erkannt haben.

38

Vom Truthahn

Ein Königssohn verfiel in Wahnsinn und behauptete, er sei ein Truthahn. Als Truthahn hatte er den Drang, nackt unter dem Tisch zu sitzen und Krumen aufzulesen. Kein Arzt konnte ihm helfen. Das sorgte den König sehr.

Da kam ein Weiser und sagte: *„Ich heile ihn."* Er zog sich ebenfalls nackt aus und setzte sich unter den Tisch neben den Königssohn.

Der Prinz fragte ihn: *„Wer bist du, was suchst du hier?"* Er antwortete: *„Und was suchst du hier?"* Der Prinz: *„Ich bin ein Truthahn."* *„Und ich"*, sagte der Weise, *„bin auch ein Truthahn."* So saßen sie zusammen, bis sie sich aneinander gewöhnt hatten.

Dann, auf ein Zeichen des Weisen, warf man ihnen Hemden hinunter. Da sagte der Weise: *„Du denkst, daß ein Truthahn kein Hemd tragen kann? Man kann ein Hemd tragen und trotzdem Truthahn sein."* Und beide zogen sich Hemden an.

Nach einiger Zeit gab er wieder ein Zeichen, und man warf ihnen Hosen hinab. Und der Weise sagte dem Prinzen: *„Du denkst, daß man in Hosen kein Truthahn sein kann?"* Sie zogen die Hosen an und andere Kleidungsstücke. Und später gab er wieder ein Zeichen, und man reichte ihnen menschliche Nahrung vom Tisch hinunter. Und er sagte ihm: *„Du denkst, wenn man gute Speisen ißt, sei man kein Truthahn mehr? Man kann essen und trotzdem Truthahn sein."* Und beide aßen. So verfuhr er weiter, bis er ihn ganz geheilt hatte.

Die Botschaft:

_____

_____

Tragen Sie bitte hier ein, was Sie aus dieser Story für sich erkannt haben.

Fußspuren

Ein Mann lag schon einige Wochen auf dem Krankenbett, und die Ungeduld zu genesen, wieder ein ganzer Mensch zu sein, wuchs von Tag zu Tag.

Da hatte er eines Nachts folgenden Traum: Er ging mit Gott am Strand des Meeres spazieren. Am Himmel zogen Szenen aus seinem Leben vorbei, und für jede Szene waren Spuren im Sand zu sehen. Als er nun auf die Fußspuren im Sand zurückblickte, sah er, daß manchmal zwei, manchmal aber nur eine da war. Er bemerkte weiter, daß diese eine Spur zusammenfiel mit den Zeiten größter Not und Traurigkeit in seinem Leben.

Deshalb fragte er den Herrn: *„Herr, ich habe bemerkt, daß zu den traurigsten Zeiten meines Lebens nur eine Fußspur zu sehen ist. Du hast aber versprochen, stets bei mir zu sein. Ich verstehe nicht, warum du mich da, wo ich dich am nötigsten hatte, allein gelassen hast?"*

Da antwortete der Herr: *„Mein lieber Sohn, ich habe dich lieb und würde dich niemals verlassen. In den Tagen, wo du am meisten gelitten hast und mich am nötigsten brauchtest, da, wo du nur eine einzige Fußspur siehst, das war an den Tagen, wo ich dich getragen habe."*

Die Botschaft:

_____

_____

_____

Tragen Sie bitte hier ein, was Sie aus dieser Story für sich erkannt haben.

Gott urteilt nach anderen Maßstäben

Die Magd Kreszentia hatte ihrem Herrn, dem Großbauern vom Brunnthaler Hof, treu und redlich gedient. Schon mit 16 Jahren war sie als Vollwaise zu ihm ins Haus gekommen.

Zenz, so nannte man sie, war immer die erste, wenn es ans Aufstehen ging, sie holte Holz aus dem Schuppen, machte Feuer und kochte die Brennsuppe, das tägliche Frühstück, für die Familie. Beim Melken, beim Heumachen, beim Waschen, beim Putzen der Stube war sie von früh bis abends dabei. Ihre kräftigen Arme schafften unermüdlich.

Und wenn sie abends in ihrer kleinen, kalten Kammer ins Bett sank, reichte es gerade noch zu einem Stoßseufzer in Richtung des Gekreuzigten über ihrem Lager.

Dem Pfarrer der Dorfgemeinde, der neu, jung und eifrig war, ein beflissener Diener seines hohen Herrn, ärgerte es, daß die Zenz keine Messe besuchte und auch beim Hochamt selten zu sehen war. Er nahm sie sich vor und ermahnte sie, fleißiger zur Kirche zu gehen. *„Was wird Gott sagen, wenn du das Zeitliche segnest und vor seinem Thron stehst?"*, meinte er.

„Ich werde ihm meine Hände zeigen!", sagte die Magd.

Die Botschaft:

_____

_____

_____

Tragen Sie bitte hier ein, was Sie aus dieser Story für sich erkannt haben.

41

Die frierenden Stachelschweine

Als ein unerwartet strenger Winter ins Land gezogen war und die meisten Tiere sich zum Winterschlaf zurückzogen, suchte sich auch eine Gesellschaft von Stachelschweinen eine wärmende Höhle. Sie verschlossen den Eingang und drängten sich dicht aneinander, um sich gegen die Kälte zu schützen.

Doch nach einiger Zeit machten sie eine ärgerliche Feststellung: In der Enge der Behausung verletzten sie sich gegenseitig mit ihren Stacheln und mußten die angenehme Temperatur mit Schmerzen bezahlen. Auf den Rat der Ältesten hin suchten sie sich eine größere Höhle. Diese bot genügend Platz, um die Stacheln auszubreiten, hatte aber den Nachteil, daß die einzelnen Tiere jetzt die nachbarliche Wärme entbehren mußten. Sie froren ganz erbärmlich.

Man war gezwungen, eine neuerliche Versammlung abzuhalten, in der folgendes beschlossen wurde: Jedes Mitglied der Stachelschweingesellschaft solle so weit von seinem Nachbarn entfernt sein, daß es den andern nicht verletze, aber doch wiederum gerade so nahe, daß es auch in den Genuß der Wärmeausstrahlung seines Artgenossen komme. Dieses Übereinkommen funktionierte, und der soziale Friede war wiederhergestellt.

Nach Arthur Schopenhauer

Die Botschaft:

_____

_____

_____

Tragen Sie bitte hier ein, was Sie aus dieser Story für sich erkannt haben.

42

Ausdauer

Zwei Frösche, die sehr Hunger litten, denn es war schon Herbst und die Fliegen waren rar, kamen in den Stall eines Bauernhofes. Sie entdeckten dort zu ihrer Freude zwei Eimer mit frisch gemolkener Milch. Es war niemand in der Nähe, also faßten sie sich ein Herz und sprangen mit einem hohen Satz in die nahrhafte Flüssigkeit, der eine in den linken, der andere in den rechten Eimer. Sie tranken nach Herzenslust, bis sie gesättigt waren.

Wie groß aber war ihr Schrecken, als sie sahen, daß es kein Entrinnen gab. Die glatte Wand des Eimers machte all ihre Bemühungen, wieder auf festen Boden zu kommen, zunichte.

Der Frosch im linken Eimer war erschöpft. In seiner Todesnot rief er dem Kollegen zu: *„Ich kann nicht mehr, es ist aus. Lebewohl."*

Der andere ermunterte ihn: *„Schwimm, so lange du kannst, nicht aufgeben!"* Doch vergebliche Liebesmüh. Der Frosch im linken Eimer streckte mutlos alle viere von sich und mußte ertrinken.

Der Frosch im rechten Eimer dagegen ruderte und ruderte . . . Am nächsten Morgen fand der Bauer im linken Eimer einen toten Frosch. Im rechten Eimer aber saß munter ein Frosch auf einem Klümpchen Butter.

Mit einem Riesensprung rettete er sich ins Freie.

Die Botschaft:

_____

_____

Tragen Sie bitte hier ein, was Sie aus dieser Story für sich erkannt haben.

Der Kahn

Herr Keuner ging durch ein Tal, als er plötzlich bemerkte, daß seine Füße im Wasser gingen.

Da erkannte er, daß sein Tal in Wirklichkeit ein Meeresarm war und daß die Zeit der Flut herannahte.

Er blieb sofort stehen, um sich nach einem Kahn umzusehen und solange er auf einen Kahn hoffte, blieb er stehen.

Als aber kein Kahn in Sicht kam, gab er diese Hoffnung auf und hoffte, daß das Wasser nicht mehr steigen möchte.

Erst als ihm das Wasser bis zum Kinn ging, gab er auch diese Hoffnung auf und schwamm.

Er hatte erkannt, daß er selber ein Kahn war.

Bertolt Brecht

Die Botschaft:

_____

_____

_____

Tragen Sie bitte hier ein, was Sie aus dieser Story für sich erkannt haben.

Das Leben

Einmal zur Mittagszeit wurde es still am Waldrand. Alles ruhte. Da streckte plötzlich der Buchfink sein Köpfchen hervor und fragte: *„Was ist eigentlich das Leben?"*

Alle waren über diese Frage betroffen: Die Heckenrose entfaltete ihre Knospe und sprach: *„Das Leben ist Entwicklung."*

Der Schmetterling flog von Blume zu Blume und naschte da und dort: *„Das Leben ist lauter Freude und Sonnenschein."*

Die Ameise schleppte einen großen Strohhalm und bemerkte: *„Das Leben ist nichts anderes als Mühsal und Arbeit."*

Der Maulwurf hob den Kopf aus der Erde und brummte: *„Das Leben ist ein Kampf im Dunkeln."*

Hoch oben zog der Adler seine Kreise und frohlockte: *„Das Leben ist nur ein Streben nach oben."*

Mit der Nacht kam auch der Uhu und krächzte in die Stille: *„Leben heißt die Gelegenheit nutzen, wenn andere schlafen."*

Es wurde still am Waldesrand. Später kam ein junger Mann, müde vom Tanzen und Trinken: *„Das Leben ist ständiges Suchen nach Glück und eine lange Kette von Enttäuschungen, wie heute abend."* Dann schlief er ein.

Bald aber erwachte die Morgenröte in ihrer Pracht und strahlte: *„Das Leben ist stetes Beginnen und Anbruch der Ewigkeit."*

Schwedisches Märchen

Die Botschaft:

Tragen Sie bitte hier ein, was Sie aus dieser Story für sich erkannt haben.

Der kranke Löwe

Der Löwe lag krank in seiner Höhle, da kam der Bär, ihn zu besuchen. Der Löwe fragte ihn: *"Merkst du nicht, wie es in meiner Höhle stinkt?"* - *"Ja, wirklich, es stinkt ganz furchtbar!"* antwortete der Bär. Diese Antwort erzürnte den Löwen, und er zerriß den Bären.

Der Hase hatte dies mit angesehen, und als er kam, dem Löwen seine Ehrerbietung zu bezeigen, antwortete er auf die gleiche Frage: *"O nein, hier stinkt es gar nicht; es riecht sogar wunderbar!"* - *"Du lügst!"* sagte der Löwe. *"Es riecht nicht wunderbar, es stinkt!"* Und dann zerriß er den Hasen.

Darauf kam der Wolf, und der entgegnete dem Löwen auf seine Frage: *"Es stinkt nicht und duftet auch nicht."* - *"Du lügst!"* sagte der Löwe. *"Das kann nicht sein"*, und er tötete ihn.

Zuallerletzt kam der Fuchs. Der Löwe fragte ihn: *"Stinkt es oder duftet es in meiner Höhle?"* Der schlaue Fuchs antwortete: *"Vergebt mir, erlauchter König! Ich habe gerade einen solchen Schnupfen, daß ich nicht unterscheiden kann, ob es stinkt oder nicht, und zu lügen wage ich nicht."*

Da verschonte ihn der Löwe, weil er so klug war.

Russisches Märchen

Die Botschaft:

_____

_____

_____

Tragen Sie bitte hier ein, was Sie aus dieser Story für sich erkannt haben.

Der Frosch und der Skorpion

Ein Skorpion wollte einen Fluß überqueren. Er konnte aber nicht schwimmen.

Da traf er einen Frosch: *"Hey, Frosch, willst du mich über den Fluß bringen?"*

"Ich bin doch nicht verrückt", gab der Frosch zur Antwort, *"du würdest mich, kaum daß wir im Wasser wären, sofort töten."*

"Dann wäre ich verrückt", gab ihm der Skorpion zu bedenken, *"wir gingen dann ja beide unter."*

Das leuchtete dem Frosch ein.

Und so nahm er den Skorpion Huckepack und begann mit kräftigen Zügen zu schwimmen.

Sie waren jedoch noch kaum in der Mitte des Flusses angelangt, da stach der Skorpion zu.

Das Gift wirkte sofort. *"Warum hast du das getan? Jetzt sind wir beide verloren,"* jammerte der Frosch.

"Ich mußte es tun", antwortete der Skorpion, während das Wasser über ihn zusammenschlug, *"ich kann nicht gegen meine Natur."*

Die Botschaft:

_____

_____

_____

Tragen Sie bitte hier ein, was Sie aus dieser Story für sich erkannt haben.

Seltsame Partnerschaft

Die Antilope hielt es nicht mehr aus. Parasiten hatten sich in ihrem Fell eingenistet. Das tat weh und juckte fürchterlich.

In ihrer Not wandte sie sich an den Löwen: „Du hast so scharfe Krallen, bitte erlöse mich von meinem quälenden Juckreiz und kratze mich."

„Sei froh, daß ich gerade erst gefressen habe und satt bin", knurrte der Löwe.

In panischer Angst stob die Antilope davon.

Da beobachtete sie zwei Affen, die sich gegenseitig lausten.

„Habt Erbarmen", flehte sie die beiden an, „laust mich auch!" „Dein Problem! Was juckt uns das?" grinsten die beiden.

„Was mache ich bloß falsch? Keiner will mir helfen! Was sind das alles für Egoisten!" fragte sich die Antilope verzweifelt.

Die Erleuchtung kam ihr, als sie den Madenhocker traf. Der Madenhocker war ein kleiner Vogel mit schneeweißen Bauchfedern, feuerrotem Schnabel und pechschwarzen Flügeln.

„Hast du Hunger?" fragte die Antilope. „Immer", piepste der Madenhocker. „Dann setze dich in mein Fell." Der Madenhocker tat, wie ihm geheißen. Seit dieser Stunde waren die beiden unzertrennliche Freunde.

Gerhard Reichel

Die Botschaft:

_____

_____

_____

Tragen Sie bitte hier ein, was Sie aus dieser Story für sich erkannt haben.

Das Glück im Schwanz

Ein alter Kater beobachtete einmal ein junges Kätzchen, das sich dauernd im Kreise drehte und dabei seinen Schwanz beobachtete.

"Was tust du da?" fragte er neugierig.

"Ich komme gerade von der Katzenschule und da hat man mir beigebracht, daß für uns junge Kätzchen das Glück im Schwanz liege. Und das Glück soll man nicht aus dem Auge lassen."

"Hm", schmunzelte der alte Kater, *"da mußt du wohl etwas falsch verstanden haben. Es stimmt schon: das Glück liegt im Schwanz. Aber du darfst nicht zurückschauen. Schau nach vorne, bewege dich nach vorne, dann folgt dir das Glück automatisch nach."*

Die Botschaft:

_____

_____

_____

Tragen Sie bitte hier ein, was Sie aus dieser Story für sich erkannt haben.

49

Der Wolf und der Schäfer

Der böse Wolf war in die Jahre gekommen und faßte den hinterlistigen Entschluß, mit den Schäfern auf gütlichem Fuß zu leben. Er machte sich also auf und ging zu einem Schäfer, dessen Herde in der Nähe weidete.

„Schäfer", sprach er, „du nennst mich den blutgierigsten Räuber, der ich doch wirklich nicht bin. Freilich muß ich mich an deine Schafe halten, wenn ich Hunger habe; denn Hunger tut weh. Bewahre mich vor meinem Hunger, mache mich immer satt, dann wirst du über mich keine Klagen zu führen haben. Denn ich bin wirklich das zahmste, sanftmütigste Tier, wenn ich satt bin."

„Wenn du satt bist?" fragte der Schäfer. „Das mag stimmen", fuhr er fort. „Aber wann bist du satt? Du und der Geiz werden es nie!" versetzte er. „Geh, mach, daß du wegkommst." Der Wolf ging, aber ging nicht zu seiner Höhle, sondern zum Haus des Schäfers und fiel dessen Kinder an.

Mit Mühe konnten die Schäfer, die durch das Geschrei der Kinder herbeigeeilt waren, den Wolf niederschlagen.

Jetzt wußte der Schäfer, daß auch er einen Fehler gemacht hatte, als er den hungrigen Wolf zum Äußersten trieb. Denn immerhin hatte der Wolf ihm ja ein Friedensangebot gemacht. Es war zwar unverschämt, aber man hätte mit ihm verhandeln können. Denn besser ein Schaf verloren als ein Kind.

Nach Gottfried Ephraim Lessing

Die Botschaft:

_____

_____

Tragen Sie bitte hier ein, was Sie aus dieser Story für sich erkannt haben.

Der Fuchs und die Gänse

Der Fuchs kam einmal auf eine Wiese, wo eine Herde schöner fetter Gänse saß; da lachte er und sprach: *„Ich komme ja wie gerufen; ihr sitzt hübsch beisammen, da kann ich ja eine nach der andern von euch auffressen."* Die Gänse, die vor Schrecken gackerten und wie wild umhersprangen, baten um ihr Leben. Der Fuchs aber stellte sich taub und sagte barsch: *„Nichts da, es gibt keine Gnade, ihr müßt alle sterben."*

Endlich faßte sich doch eine der Gänse ein Herz und sagte: *„Wenn wir schon alle sterben müssen, dann erlaube uns wenigstens, daß wir noch ein Gebet sprechen dürfen, damit Gott uns die Sünden vergibt, ehe wir unser junges Leben lassen müssen."*

„Gut", sagte der Fuchs, *„die Gnade gewähre ich euch. Danach aber müßt ihr euch in einer Reihe aufstellen, damit ich mir immer die fetteste aussuchen kann."*

Die erste Gans fing ein sehr langes Gebet an, das nur aus *„Ga! Ga!"* bestand, und weil sie nicht mehr aufhören wollte, fiel die zweite schon mit ihrem *„Ga! Ga!"* ein, obwohl sie noch gar nicht an der Reihe war. Die dritte und die vierte folgten ihr, und bald gackerten sie alle zusammen. Sie gackerten einfach unaufhörlich und mit einer solchen Stärke, daß der Fuchs schließlich das Geschnatter nicht mehr ertragen konnte und so verschwand, wie er gekommen war.

Nach Gebrüder Grimm

Die Botschaft:

___

___

Tragen Sie bitte hier ein, was Sie aus dieser Story für sich erkannt haben.

Der aufgeblähte Frosch

Ein fetter Ochse weidete gemächlich auf der Dorfwiese. Ein Frosch, der in der Nähe saß, staunte ihn an und sagte dann zu den anderen Fröschen:

„Seht ihr den großen Ochsen? - Dann gebt acht, denn ich will euch zeigen, daß ich genauso groß sein kann."

Und dann blies er sich auf, so breit er nur konnte, und rief den andern zu:

„Bin ich schon so groß wie der Ochse dort?" -

„Noch lange nicht", riefen die anderen Frösche, die interessiert zuschauten. Ihr Kamerad aber blies sich noch stärker auf und rief:

„Bin ich jetzt ebenso groß wie er?"

„Nein", lachten die anderen, *„es fehlt noch ein Stück."*

Und da versuchte es der verblendete Frosch mit letzter Kraft, aber statt größer zu werden, zerplatzte er wie eine Seifenblase.

Nach Äsop

Die Botschaft:

_____

_____

_____

Tragen Sie bitte hier ein, was Sie aus dieser Story für sich erkannt haben.

52

Das Gerücht

Es war einmal eine Stadt, die aus zwei parallel laufenden Straßen bestand. Ein Derwisch ging von der einen Straße in die andere hinüber, und als er dort ankam, sahen die Leute, daß er Ströme von Tränen vergoß. Da rief einer:

„In der anderen Straße muß irgend jemand gestorben sein!" Die Nachricht pflanzte sich in Windeseile in der ganzen Straße fort.

Was aber hatte sich tatsächlich ereignet? Der Derwisch hatte Zwiebeln geschält.

Kurze Zeit danach hatte das Geschrei auch die andere Straße erreicht, und ihre Bewohner waren so betrübt, daß sie nach der Ursache für all die Aufregung nicht zu fragen wagten.

Ein weiser Mann versuchte, den Leuten der beiden Straßen vernünftig zuzureden, und er fragte:

„Warum sprecht ihr denn nicht miteinander?" Sie aber waren so verwirrt, daß sie selber nicht mehr wußten, was sie sagten. Einige meinten:

„Nach allem, was wir wissen, ist in der anderen Straße eine furchtbare Seuche ausgebrochen." Auch dieses Gerücht verbreitete sich wie ein Lauffeuer.

So kam es, daß beide Völker, um sich zu retten, auswanderten. Heute, viele hundert Jahre später ist die Stadt noch immer verlassen.
Nasrudin

Die Botschaft:

Tragen Sie bitte hier ein, was Sie aus dieser Story für sich erkannt haben.

Zwei kanadische Holzfäller

Zwei kanadische Holzfäller waren abends am Lagerfeuer eingeschlafen. Plötzlich hörten sie ein Knacken aus dem nahen Unterholz und sahen, wie ein Bär sich in raschem Lauf näherte.

Da begann der eine von den beiden in Windeseile seine Laufschuhe zu schnüren.

„Warum schürst du deine Schuhe?" jammerte der andere. *„Wir haben ja doch keine Chance, dem Bären davonzulaufen."*

„Will ich doch gar nicht", gab ihm dieser zur Antwort, *„ich will nur schneller sein als du."*

Die Botschaft:

_____

_____

_____

Tragen Sie bitte hier ein, was Sie aus dieser Story für sich erkannt haben.

54

Der Blutegel und die Libelle

Es war einmal eine Libellenlarve, die verspürte den unwiderstehlichen Drang nach oben, um neue Luft zu schöpfen. Ein Blutegel, der sie des öfteren dabei beobachtete, machte ihr eines Tages deswegen Vorwürfe: „Habe ich vielleicht jemals das Bedürfnis nach dem, was du Himmelsluft nennst?"

„Ach", erwiderte die Libellenlarve, „ich habe nun einmal die Sehnsucht nach oben. Ich versuchte sogar schon einmal, an der Wasseroberfläche nach dem zu schauen, was darüber ist. Da sah ich einen hellen Schein, und merkwürdige Schattengestalten huschten über mich hinweg."

Der Blutegel krümmte sich vor Lachen: „Oh du Spinnerin, du meinst tatsächlich, über dem Tümpel gibt es noch etwas? Glaube mir als einem erfahrenen Mann: Ich habe den ganzen Tümpel durchschwommen. Dieser Tümpel ist die Welt. Und außerhalb gibt es gar nichts."

„Aber ich habe doch den Lichtschein gesehen und den Schatten", verteidigte sich die Libellenlarve.

„Hirngespinste! Was du fühlen und betasten kannst, das ist das Wirkliche", antwortete der Blutegel.

Aber es dauerte nicht lange, da beobachtete er etwas Seltsames: Die Libellenlarve erhob sich aus dem Wasser, Flügel wuchsen ihr, goldenes Sonnenlicht umspülte sie, und sie schwebte schimmernd über den niedrigen Tümpel davon.

Sie ward von dem Blutegel nie mehr gesehen.

Die Botschaft:

Tragen Sie bitte hier ein, was Sie aus dieser Story für sich erkannt haben.

Ein kleiner Fortschritt

Ein Missionar lebte jahrelang auf einer Missionsstation unter Kannibalen.

Eines Tages meldete sich der Bischof zu Besuch an.

Der Missionar führte ihn voller Stolz überall herum und war hocherfreut über das Lob des Bischofs.

„*Eine Sache*", sagte dieser abschließend, „*macht mir allerdings große Sorgen: diese Leute sind ja offensichtlich immer noch Menschenfresser!*"

„*Das schon*", gab der Missionar zu, „*aber immerhin essen sie jetzt schon mit Messer und Gabel!*"

Die Botschaft:

_____

_____

_____

Tragen Sie bitte hier ein, was Sie aus dieser Story für sich erkannt haben.

Das Geschenk

Der Vorstand eines großen Unternehmens schenkte seinem Chauffeur eine Flasche Wein.

Später fragte er ihn, ob ihm denn der Wein geschmeckt habe. Der Fahrer sagte: *„Er war gerade richtig."*

„Was meinen Sie mit 'gerade richtig'?" wundert sich der Vorstand.

„Ich meine: wenn er etwas schlechter gewesen wäre, hätte ich ihn nicht trinken wollen, und wenn er etwas besser gewesen wäre, hätten Sie ihn selbst getrunken."

Die Botschaft:

_____

_____

_____

Tragen Sie bitte hier ein, was Sie aus dieser Story für sich erkannt haben.

Vielleicht

Einem chinesischen Bauern lief einmal sein Pferd weg. Es war eine preisgekrönte, herrliche Stute. Deshalb kamen die Nachbarn, um dem Bauern ihr Mitleid über den herben Verlust auszusprechen.

„Du bist sicher sehr traurig!" sagten sie. Doch der Bauer antwortete nur: *„Vielleicht."*

Eine Woche später kam die Stute zurück und brachte fünf wilde Pferde mit sich. Wieder kamen die Nachbarn, diesmal um zu gratulieren. *„Du bist jetzt sicher sehr glücklich"*, sagten sie. Und wieder antwortete der Bauer nur: *„Vielleicht."*

Am nächsten Tag versuchte der Sohn des Bauern auf einem der Wildpferde zu reiten. Er wurde abgeworfen und brach sich ein Bein. *„So ein Pech"*, sagten die Bauern. *„Vielleicht"*, antwortete der Bauer.

Drei Tage später kamen Offiziere ins Dorf, um Soldaten zu rekrutieren. Sie nahmen alle jungen Männer mit, außer den Sohn des Bauern, der wegen seines gebrochenen Beines nicht kriegstauglich war.

Die Botschaft:

_____

_____

_____

Tragen Sie bitte hier ein, was Sie aus dieser Story für sich erkannt haben.

Der Wolf und das Lamm

Ein Wolf und ein Lamm kamen an einen Bach, um zu trinken. Der Wolf trank oben am Bach, und das Lamm weiter unten. Als der Wolf das Lamm erblickte, lief er zu ihm und sprach: „Warum trübst du mir das Wasser?"

Das Lamm antwortete: „Wie kann ich dir das Wasser trüben, ich trinke doch viel weiter unten als du. Du bist es also, der mir das Wasser trübt!"

„Was!" sprach der Wolf, „du willst mich noch beschimpfen?"

Das Lamm antwortete: „Ich beschimpfe dich doch nicht."

Der Wolf aber sagte: „Dasselbe tat dein Vater vor sechs Monaten, und du bist ebenso wie dein Vater."

Das Lamm antwortete: „Damals war ich ja noch gar nicht geboren; wie soll ich da schuldig sein für etwas, was mein Vater getan haben soll?"

Der Wolf sprach: „Du hast mir aber meine Wiesen abgefressen und verdorben."

Das Lämmlein wehrte sich: „Wie soll das möglich sein, ich habe ja noch gar keine Zähne!"

„Ei", sprach der Wolf, *du wirst nicht heil davonkommen."*

Und er packte das unschuldige Lämmlein und fraß es auf.

Nach Martin Luther

Die Botschaft:

Tragen Sie bitte hier ein, was Sie aus dieser Story für sich erkannt haben.

Der Löwe und die Maus

Ein Löwe lag im Schatten eines Felsens und hielt Mittagsruhe. Eine kleine Maus, die auf dem Felsen spielte, fiel über den Rand und stürzte hinab auf das Haupt des schlafenden Löwen. Der Löwe wurde wach davon und packte die flüchtende Maus mit seiner Tatze.

„Verschone mich, oh König der Tiere! Wenn du mich auffrißt, so wirst du nicht satt davon. Läßt du mich aber leben, so kann ich dir vielleicht auch einmal aus großer Not helfen."

Der Löwe lachte und sagte: *„Wem in der Welt willst du schon helfen können? Aber in einem hast du recht, satt wird man von dir nicht. Also lasse ich dich laufen, damit du weiterspielen kannst."*

Als einige Tage später der Löwe in die Fangnetze eines Jägers geriet und ihm all seine Kräfte nichts nützten, um aus der Falle zu kommen, da brüllte er so laut um Hilfe, daß auch die Maus es hörte, und sie rannte herbei. Als sie den Löwen sah, gefangen in den Netzen des Jägers, da rief sie:

„Erkennst du mich wieder? Ich bin die kleine Maus, der du das Leben geschenkt hast."

Und schon begann sie mit ihren spitzen Zähnen die Stricke des Fangnetzes zu zernagen. Als die ersten entzwei waren, half der Löwe mit seinen Pranken nach und bald war er frei.

Die Maus aber war stolz, dem König der Tiere das Leben gerettet zu haben.

Nach Äsop

Die Botschaft:

_____

_____

Tragen Sie bitte hier ein, was Sie aus dieser Story für sich erkannt haben.

60

Anna, die Lokomotive

Anna ist eine junge Lokomotive, die zur Lokomotivenschule geht, wo es zwei Unterrichtsfächer gibt: „Halt bei roter Ampel" und „Auf alle Fälle auf den Schienen bleiben". *„Wenn du diese Lehren beherzigst"*, schärft man ihr ein, *„wirst du eines Tages eine große Stromlinien-Lokomotive werden."*

Anna gehorcht eine Zeitlang, bis sie eines Tages entdeckt, was für einen Spaß es macht, die Gleise zu verlassen und auf dem Feld Blumen zu pflücken. Leider kann sie die Verletzung dieser Regeln aber nicht geheimhalten, denn an den Puffern finden sich verräterische Spuren.

Aber Anna lockt es immer wieder zu ihrem Spiel, und obwohl sie gewarnt wird, verläßt sie weiterhin die Gleise und wandert auf die Wiese.

Der Lokschulmeister ist verzweifelt. Er berät den Fall mit dem Bürgermeister von Loksstadt, in der die Schule liegt. Der ruft eine Versammlung der Bürgerschaft ein, in der Annas Missetaten besprochen werden, wovon Anna jedoch nichts erfährt. Die Versammlung beschließt einzuschreiten.

Als Anna das nächste Mal auf eigene Faust losgeht und die Gleise verläßt, läuft sie direkt auf ein rotes Licht zu und hält an. Sie wendet sich in eine andere Richtung, nur um wieder in ein rotes Licht zu laufen. Sie versucht es noch einmal - mit dem gleichen Ergebnis.

Sie dreht und wendet sich, aber sie kann kein Fleckchen Erde finden, auf dem nicht plötzlich ein rotes Licht erscheint, denn alle Bürger der Stadt beteiligen sich an der Aktion.

Reuig und verwirrt sieht sie nach den Gleisen zurück, wo ihr das einladende grüne Licht des Lehrers das Zeichen zur Rückkehr gibt. Erschrocken durch die vielen roten Haltesignale

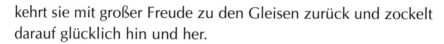

kehrt sie mit großer Freude zu den Gleisen zurück und zockelt darauf glücklich hin und her.

Sie verspricht, nie mehr die Gleise zu verlassen und kehrt zurück zu dem Lokschuppen, wo sie von dem Beifall der Lehrer und Bürgerschaft empfangen wird und die Versicherung erhält, daß sie später einmal zu einer großen Stromlinienlokomotive wird.

Die Botschaft:

_____

_____

_____

Tragen Sie bitte hier ein, was Sie aus dieser Story für sich erkannt haben.

Theorie und Praxis

Ein Manager, der gerade von einem Motivationsseminar zurückgekommen war, bestellte einen Angestellten in sein Büro und sagte: *„Von heute an sollen Sie Ihre Arbeit selbst planen und kontrollieren. Ich bin überzeugt, dies wird die Produktion beträchtlich erhöhen."*

„Bekomme ich auch mehr Geld?" fragte der Angestellte.

„Aber nein. Geld ist keine Motivation, und eine Gehaltserhöhung bringt Ihnen keine Befriedigung."

„Wenn die Produktion nun wirklich steigt, bekomme ich dann mehr Geld?"

„Hören Sie", sagte der Manager, *„offensichtlich verstehen Sie die Motivationstheorie nicht. Nehmen Sie dieses Buch mit nach Hause, und lesen Sie es; Sie werden daraus lernen, was Sie wirklich motiviert."*

Beim Hinausgehen fragte der Mann: *„Wenn ich das Buch gelesen habe, bekomme ich dann mehr Geld?"*

Die Botschaft:

Tragen Sie bitte hier ein, was Sie aus dieser Story für sich erkannt haben.

62

Der Weltveränderer

Der Sufi Bayazid erzählt folgende Geschichte:

„In meiner Jugend war ich Revolutionär, und mein einziges Gebet zu Gott lautete:

‚Herr, gib mir die Kraft, die Welt zu ändern.'

Als ich die mittleren Jahre erreichte und merkte, daß die Hälfte meines Lebens vertan war, ohne daß ich eine einzige Seele geändert hätte, wandelte ich mein Gebet ab und bat:

‚Herr, gib mir die Gnade, alle jene zu verändern, die mit mir in Berührung kommen. Nur meine Familie und Freunde, dann bin ich schon zufrieden.'

Nun, da ich ein alter Mann bin und meine Tage gezählt sind, beginne ich einzusehen, wie töricht ich war. Mein einziges Gebet lautet nun: ‚Herr, gib mir die Gnade, mich selbst zu ändern.'

Wenn ich von Anfang an darum gebetet hätte, wäre mein Leben nicht vertan."

Die Botschaft:

_____

_____

_____

Tragen Sie bitte hier ein, was Sie aus dieser Story für sich erkannt haben.

Der Diamant

63

Ein weiser Mann hatte den Rand seines Dorfes erreicht und ließ sich unter einem Baum nieder, um dort die Nacht zu verbringen, als ein Dorfbewohner angerannt kam und sagte: *„Der Stein! Der Stein! Gib mir den kostbaren Stein!"*

„Welchen Stein?" fragte der weise Mann.

„Letzte Nacht erschien mir Gott Shiwa im Traum", sagte der Dörfler, *"und sagte mir, ich würde bei Einbruch der Dunkelheit am Dorfrand einen weisen Mann finden, der mir einen kostbaren Stein geben würde, so daß ich für immer reich wäre."*

Der weise Mann durchwühlte seinen Sack und zog einen Stein heraus. *„Wahrscheinlich meinte er diesen hier"*, sagte er, als er dem Dörfler den Stein gab. *„Ich fand ihn vor einigen Tagen auf einem Waldweg. Du kannst ihn natürlich haben."*

Staunend betrachtete der Mann den Stein. Es war ein Diamant. Wahrscheinlich der größte Diamant der Welt, denn er war so groß wie ein menschlicher Kopf.

Er nahm den Diamanten und ging weg. Die ganze Nacht wälzte er sich im Bett und konnte nicht schlafen. Am nächsten Tag weckte er den weisen Mann bei Anbruch der Dämmerung und sagte: *„Gib mir den Reichtum, der es dir ermöglicht, diesen Diamanten so leichten Herzens wegzugeben."*

Die Botschaft:

_____

_____

_____

Tragen Sie bitte hier ein, was Sie aus dieser Story für sich erkannt haben.

Der Schatz der Schnecke

Die Tiere hielten eine Versammlung ab und begannen sich darüber zu beklagen, daß die Menschen ihnen immer wieder Dinge wegnähmen.

"Sie klauen meine Milch", schimpfte die Kuh.

"Sie stehlen meine Eier", jammerte die Henne.

"Sie nehmen mein Fleisch und machen Speck daraus", beschwerte sich das Schwein.

"Sie machen Jagd auf mich wegen meines Öls", entrüstete sich der Wal.

Und so ging es fort.

Schließlich meldete sich die Schnecke zu Wort: *"Ich habe etwas, was sie auch gerne hätten, sogar mehr als alles andere. Etwas, was sie mir gerne wegnähmen, wenn sie könnten."*

"Und was ist das?" fragten die anderen Tiere ganz gespannt.

Die Antwort der Schnecke war kurz: *"Ich habe ZEIT."*

Die Botschaft:

_____

_____

_____

Tragen Sie bitte hier ein, was Sie aus dieser Story für sich erkannt haben.

Auf der Durchreise

Im vorigen Jahrhundert besuchte ein Tourist aus den Vereinigten Staaten den berühmten polnischen Rabbi Hofetz Chaim.

Erstaunt sah er, daß der Rabbi nur in einem einfachen Zimmer voller Bücher wohnte. Das einzige Mobiliar waren ein Tisch und eine Bank.

„Rabbi, wo sind Ihre Möbel?" fragte der Tourist.

„Wo sind Ihre?" erwiderte Hofetz.

„Meine? Aber ich bin nur zu Besuch hier. Ich bin nur auf der Durchreise", sagte der Amerikaner.

„Genau wie ich", sagte der Rabbi.

Die Botschaft:

_____

_____

_____

Tragen Sie bitte hier ein, was Sie aus dieser Story für sich erkannt haben.

Das goldene Ei

Es war einmal ein armer Bauer, der eines Tages im Nest seiner Lieblingsgans ein goldenes Ei entdeckte. Zunächst dachte er, es müsse sich um eine Täuschung handeln. Aber statt das Ei beiseite zu legen, beschließt er, es schätzen zu lassen.

Das Ei ist aus reinem Gold. Der Bauer kann sein Glück kaum fassen. Am nächsten Tag wiederholt sich das Ereignis und er staunt noch mehr. Tag für Tag läuft er nach dem Erwachen zum Nest und findet ein goldenes Ei.

Der Bauer wird sagenhaft reich.

Aber mit dem wachsenden Reichtum kam auch die Gier und Ungeduld. Er wollte nicht mehr geduldig von einem Tag zum anderen warten, bis sie wieder ein goldenes Ei bekam.

Er beschloß, die Gans zu schlachten, damit er die Eier auf einmal bekäme.

Doch als er den Bauch der Gans aufschneidet, ist dieser leer. Nun hatte er nichts weiter als eine tote Gans, die keine goldenen Eier mehr legen konnte.

Nach Äsop

Die Botschaft:

_____

_____

_____

Tragen Sie bitte hier ein, was Sie aus dieser Story für sich erkannt haben.

67

Mißverständnis

An einem Sommerabend saßen zwei ältliche Schwestern in ihren Schaukelstühlen auf der Veranda vor ihrem Haus am Rande eines kleinen Dorfes.

Während sie gemütlich schaukelten, lauschte die eine Schwester dem Chor, der in der Kirche übte. Der Chor sang eines ihrer Lieblingslieder. Sie blickte die Straße entlang, wo sie das Licht durch die bunten Glasfenster der kleinen Kirche schimmern sah und sagte zu ihrer Schwester:

„Ist das nicht die schönste Musik, die es gibt?"

Ihre Schwester, die rechts von ihr saß, blickte zufällig auf die Felder an ihrer Seite des Hauses und horchte auf die Grillen, die in der Dämmerung zirpten.

Selig lächelnd schaukelte sie hin und her und sagte:

„Ja, das ist eine herrliche Musik, und dabei sollen sie das machen, indem sie ihre Hinterbeine aneinander reiben."

R. Moore

Die Botschaft:

_____

_____

_____

Tragen Sie bitte hier ein, was Sie aus dieser Story für sich erkannt haben.

Der Adler im Hühnerhof

Ein Mann fand ein Adlerei und legte es in das Nest einer gewöhnlichen Henne. Der kleine Adler schlüpfte mit den Küken aus und wuchs zusammen mit ihnen auf.

Sein ganzes Leben lang benahm sich der Adler wie die Küken, weil er dachte, er sei ein Küken aus dem Hinterhof. Er kratzte in der Erde nach Würmern und Insekten. Er gluckte und gackerte. Und ab und zu hob er seine Flügel und flog ein Stück genau wie die Küken. Er lebte ein zufriedenes Leben.

Doch eines Tages sah er einen herrlichen Vogel hoch über sich im wolkenlosen Himmel. Anmutig und hoheitsvoll schwebte dieser durch die heftigen Windströmungen, fast ohne mit seinen kräftigen goldenen Flügeln zu schlagen.

Der junge Adler blickte ehrfürchtig empor. *„Wer ist das?"* fragte er seinen Nachbarn.

„Das ist der Adler, der König der Vögel", sagte der Nachbar. *„Aber rege dich nicht auf. Du und ich, wir sind von anderer Art."*

Der junge Adler aber wandte erneut den Blick nach oben. Eine seltsame Erregung befiel ihn. Zuerst ganz zaghaft, dann immer aufgeregter und stärker begann er mit seinen Flügeln zu schlagen - und dann passierte es: mit einem markerschütternden Schrei erhob er sich in die Luft und entschwebte davon.

Er ward auf dem Hühnerhof nie mehr gesehen.

Die Botschaft:

_____

_____

Tragen Sie bitte hier ein, was Sie aus dieser Story für sich erkannt haben.

69

Der Fluß und die Wüste

Ein Fluß wollte durch die Wüste zum Meer. Aber als er den unermeßlichen Sand sah, wurde ihm angst, und er klagte: *„Die Wüste wird mich austrocknen, und der heiße Atem der Sonne wird mich vernichten."*

Da - plötzlich - hörte er eine Stimme, die sagte: *„Vertraue dich der Wüste an."*

Aber der Fluß entgegnete: *„Bin ich dann noch ich selber? Verliere ich nicht meine Identität?"*

Die Stimme aber antwortete: *„Auf keinen Fall kannst du bleiben, was du bist."*

So vertraute sich der Fluß der Wüste an. Wolken sogen ihn auf und trugen ihn über die heißen Sandflächen. Als Regen wurde er am anderen Ende der Wüste wieder abgesetzt. Und aus den Wolken strömte ein Fluß, schöner und frischer als zuvor.

Da freute sich der Fluß und sagte: *„Jetzt bin ich wirklich ich."*

Die Botschaft:

_____

_____

_____

Tragen Sie bitte hier ein, was Sie aus dieser Story für sich erkannt haben.

Blinder Gehorsam

Der Befehlshaber der Besatzungstruppen sagte zu dem Bürgermeister des Bergdorfes:

„Wir sind sicher, daß Ihr einen Verräter in Eurem Dorf versteckt. Wenn Ihr ihn uns nicht übergebt, werden wir Euch alle töten."

In der Tat versteckte sich ein Mann in dem Dorf, der von allen geliebt wurde.

Das Wohlergehen des ganzen Dorfes stand jetzt auf dem Spiel.

Tagelange Beratungen im Dorfrat führten jedoch zu keinem Entschluß. Also beriet der Bürgermeister die Angelegenheit schließlich mit dem Dorfgeistlichen. Eine ganze Nacht lang suchten die beiden in der Schrift und stießen zuletzt auf eine Lösung. Ein Text lautete:

„Es ist besser, einer stirbt und das Volk wird gerettet."

Also übergab der Bürgermeister den unschuldigen Mann den Besatzungstruppen und bat ihn deswegen um Vergebung. Der Mann sagte:

„Es ist nichts zu vergeben. Ich werde das Dorf nicht in Gefahr bringen."

Er wurde grausam gefoltert, bis seine Schreie im ganzen Dorf zu hören waren, und schließlich wurde er getötet.

Zwanzig Jahre später kam ein Prophet durch jenes Dorf, ging zu dem Bürgermeister und sagte:

„Was habt Ihr getan? Dieser Mann war von Gott ausersehen, der Retter dieses Landes zu werden. Und Ihr habt ihn ausgeliefert, so daß er gefoltert und getötet wurde."

„Was konnte ich tun?" wandte der Bürgermeister ein. „Der Priester und ich sahen in der Schrift nach und handelten entsprechend."

„Das war Euer Fehler", sagte der Prophet, „Ihr saht in die Schrift. Ihr hättet auch in seine Augen sehen sollen."

Die Botschaft:

_____

_____

_____

Tragen Sie bitte hier ein, was Sie aus dieser Story für sich erkannt haben.

Das fliegende Pferd

Im alten Indien verurteilte ein König einen Mann zum Tode.

Der Mann bat den König, das Urteil aufzuheben, und fügte hinzu:

„Wenn der König gnädig ist und mein Leben schont, werde ich seinem Pferd innerhalb eines Jahres das Fliegen beibringen."

„Es sei", sagte der König, „aber wenn das Pferd in dieser Zeit nicht fliegen lernt, wirst du dein Leben verlieren."

Als seine Familie voll Sorge den Mann später fragte, wie er sein Versprechen einlösen wolle, sagte er: „Im Lauf eines Jahres kann der König sterben. Oder das Pferd kann sterben, oder es kann fliegen lernen. Wer weiß das schon?"

Die Botschaft:

_____

_____

_____

Tragen Sie bitte hier ein, was Sie aus dieser Story für sich erkannt haben.

Barmherzigkeit und Dankbarkeit

Vor langer Zeit gab Gott einmal eine Party, zu der er alle Tugenden, die großen und die kleinen, die bescheidenen und die mächtigen, einlud. Sie versammelten sich in einer wunderbar geschmückten Halle im Himmel und begannen sich alsbald himmlisch zu amüsieren, weil sie sich untereinander kannten, und einige sogar eng miteinander verwandt waren.

Plötzlich fielen Gott zwei liebreizende Tugenden auf, die sich nicht zu kennen schienen und offenbar nicht viel miteinander anzufangen wußten. Also nahm er eine von ihnen bei der Hand und stellte sie der anderen förmlich vor. „Dankbarkeit", sagte er, „das ist deine Cousine, die Barmherzigkeit."

Aber kaum hatte Gott den Rücken gedreht, als die beiden wieder auseinandergingen. Und deswegen wird erzählt, daß selbst Gott die Dankbarkeit nicht dorthin bringen konnte, wo die Barmherzigkeit ist.

Die Botschaft:

_____

_____

_____

Tragen Sie bitte hier ein, was Sie aus dieser Story für sich erkannt haben.

Zu den „Fünf Glocken"

Es war einmal ein Gasthaus, das hieß „Silberstern". Der Gastwirt kam auf keinen grünen Zweig, obgleich er alles tat, Gäste zu gewinnen: Er richtete das Haus gemütlich ein, sorgte für eine freundliche Bedienung und hielt die Preise in vernünftigen Grenzen.

In seiner Verzweiflung fragte er einen Weisen um Rat. Als er die jammervolle Geschichte des anderen gehört hatte, sagte der Weise: *„Es ist sehr einfach. Du mußt den Namen deines Gasthauses ändern."*

„Unmöglich!" sagte der Gastwirt. *„Seit Generationen heißt es Silberstern und ist unter diesem Namen im ganzen Land bekannt."*

„Nein", sagte der Weise bestimmt, *„Du mußt es nun DIE FÜNF GLOCKEN nennen und über dem Eingang sechs Glocken aufhängen."*

„Sechs Glocken? Das ist doch absurd. Was soll das bewirken?"

„Versuch es einmal, und sieh selbst", sagte der Weise lächelnd.

Also machte der Gastwirt einen Versuch, und folgendes geschah: Jeder Reisende, der an dem Gasthaus vorbeikam, ging hinein, um auf den Fehler aufmerksam zu machen, jeder in dem Glauben, außer ihm habe ihn noch keiner bemerkt. Und wenn sie erst einmal in der Gaststube waren, waren sie beeindruckt von der freundlichen Bedienung und blieben da, um eine Erfrischung zu bestellen.

Die Botschaft:

_____

_____

Tragen Sie bitte hier ein, was Sie aus dieser Story für sich erkannt haben.

74

Bequemer Magen

Vor langer Zeit ärgerten sich die einzelnen Körperteile sehr über den Magen. Es paßte ihnen nicht, daß sie Nahrung zu beschaffen hatten, die dem Magen zugute kam, während dieser selbst nichts tat, als die Früchte ihrer Arbeit zu verschlingen.

Also beschlossen sie, dem Magen keine Nahrung mehr zu liefern. Die Hände führten sie nicht mehr zum Mund, die Zähne kauten nicht mehr, der Rachen schluckte nicht mehr. Das sollte den Magen zwingen, selbst etwas zu tun.

Aber sie erreichten nichts weiter, als den Körper so zu schwächen, daß sie alle vom Tode bedroht waren. Also mußten sie schließlich die Lektion lernen, daß sie in Wahrheit für ihr eigenes Wohlergehen arbeiteten, wenn sie einander halfen.

Die Botschaft:

_____

_____

_____

Tragen Sie bitte hier ein, was Sie aus dieser Story für sich erkannt haben.

75

Eine Messe für einen Hund

Ein Mann sagte zu seinem Gemeindepfarrer: *„Mein Hund ist gestern gestorben, Vater. Können Sie für die Ruhe seiner Seele eine Messe lesen?"*

Der Priester war empört. *„Wir lesen hier keine Messen für Tiere"*, sagte er scharf. *„Sie könnten es bei der neuen Sekte weiter unten auf der Straße versuchen. Die werden wahrscheinlich für Ihren Hund beten."*

„Ich liebte den kleinen Kerl", sagte der Mann, *„und ich würde ihm gern einen anständigen Abschied bereiten. Ich weiß nicht, was man im allgemeinen bei solchen Gelegenheiten zahlt, aber würden Sie 500 000 Dollar für angemessen halten?"*

„Einen Augenblick", sagte der Priester, *„Sie haben mir nie gesagt, daß Ihr Hund katholisch war."*

Die Botschaft:

_____

_____

_____

Tragen Sie bitte hier ein, was Sie aus dieser Story für sich erkannt haben.

Den besten Samen teilen

Ein Farmer, dessen Mais auf der staatlichen Landwirtschaftsmesse immer den ersten Preis gewann, hatte die Angewohnheit, seine besten Samen mit allen Farmern der Nachbarschaft zu teilen.

Als man ihn fragte, warum er das täte, sagte er:

„Eigentlich liegt es im ureigensten Interesse. Der Wind trägt die Pollen von einem Feld zum anderen. Wenn also meine Nachbarn minderwertigen Mais züchten, vermindert die Kreuzbestäubung auch die Qualität meines Kornes. Darum liegt mir daran, daß sie nur den allerbesten anpflanzen."

Die Botschaft:

_____

_____

_____

Tragen Sie bitte hier ein, was Sie aus dieser Story für sich erkannt haben.

Gute Regierung

Ein Schüler fragte einmal Konfuzius: *„Was sind die Grundvoraussetzungen für eine gute Regierung?"*

Er antwortete: *„Nahrung, Waffen und das Vertrauen des Volkes."*

„Aber", fuhr der Schüler fort, *„wenn Ihr gezwungen wäret, auf eine der drei Voraussetzungen zu verzichten, welche würdet Ihr aufgeben?"*

„Waffen."

„Und wenn Ihr noch eine weitere aufgeben müßtet?"

„Nahrung."

„Aber ohne Nahrung werden die Menschen sterben."

„Seit urvordenklichen Zeiten ist der Tod das Schicksal der Menschen. Aber wenn ein Volk seinen Herrschern nicht mehr vertraut, ist es in der Tat verloren."

Die Botschaft:

_____

_____

_____

Tragen Sie bitte hier ein, was Sie aus dieser Story für sich erkannt haben.

Sie denkt, ich bin wirklich

Eine Familie ließ sich zum Essen in einem Restaurant nieder. Die Kellnerin nahm zunächst die Bestellungen der Erwachsenen auf und wandte sich dann dem Siebenjährigen zu.

„Was möchtest du essen?" fragte sie.

Der Junge blickte schüchtern in die Runde und sagte dann: *„Ich möchte gern einen Hot Dog."*

Noch bevor die Kellnerin die Bestellung aufschreiben konnte, unterbrach die Mutter.

„Keine Hot Dogs", sagte sie, *„bringen Sie ihm ein Steak mit Kartoffelbrei und Karotten."*

Die Kellnerin überhörte sie. *„Möchtest du Ketchup oder Senf auf deinem Hot Dog?"* fragte sie den Jungen.

„Ketchup."

„In einer Minute bekommst du ihn", sagte die Bedienung und ging zur Küche.

Alle schwiegen fassungslos, als sie weg war. Schließlich sah der Junge die Anwesenden an und sagte: *„Wißt ihr was, sie denkt, ich bin wirklich!"*

Die Botschaft:

_____

_____

_____

Tragen Sie bitte hier ein, was Sie aus dieser Story für sich erkannt haben.

Der Frosch im Brunnen

Ein Frosch hatte sein Leben lang in einem Brunnen gewohnt. Eines Tages sah er zu seinem Erstaunen einen anderen Frosch.

"Woher kommst du?" fragte er.

"Aus dem Meer, dort lebe ich", sagte der andere.

"Wie ist das Meer? Ist es so groß wie mein Brunnen?"

Der Meeresfrosch lachte. *"Das ist nicht zu vergleichen"*, sagte er.

Der Brunnenfrosch tat so, als sei er daran interessiert, was sein Besucher über das Meer zu berichten habe. Aber er dachte:

"Unter all den Lügnern, die ich in meinem Leben kennengelernt habe, ist dieser hier zweifellos der größte und unverschämteste."

Die Botschaft:

_____

_____

_____

Tragen Sie bitte hier ein, was Sie aus dieser Story für sich erkannt haben.

Münzenwurf als Schicksalsentscheidung

Der große japanische General Nobunaga beschloß anzugreifen, obgleich seine Männer nur im Verhältnis eins zu zehn denen des Feindes gegenüberstanden. Er war von seinem Sieg überzeugt, aber seine Soldaten waren voller Zweifel.

Auf dem Weg in die Schlacht hielten sie an einem Shinto-Schrein. Nachdem Nobunaga dort gebetet hatte, kam er heraus und sagte:

„Ich werde nun eine Münze werfen. Wenn es Kopf ist, werden wir gewinnen, wenn Zahl, verlieren wir. Das Schicksal wird sich uns zu erkennen geben."

Er warf die Münze. Es war Kopf. Die Soldaten waren so kampfbesessen, daß sie die Schlacht mit Leichtigkeit gewannen.

Am nächsten Tag sagte ein Adjutant zu Nobunaga: *„Niemand kann den Weg des Schicksals ändern."*

„Ganz richtig", erwiderte Nobunaga und zeigte ihm eine gefälschte Münze, die auf beiden Seiten einen Kopf trug.

Die Botschaft:

_____

_____

_____

Tragen Sie bitte hier ein, was Sie aus dieser Story für sich erkannt haben.

Moses' Verwunderung

Moses ging einst bei einem großen Meister in die Lehre, um darauf vorbereitet zu werden, eines Tages ein Prophet zu sein.

Die erste Disziplin, die der Meister von Moses verlangte, war die des Schweigens. Eines Tages kamen die beiden an das Ufer eines Flusses. Moses hörte die Hilfeschreie einer Mutter und sah, wie am anderen Ufer ein Kind ertrank.

„Meister", sagte er, „könnt Ihr nicht dieses Kind retten?"

„Schweig", sagte der Meister. Also hielt Moses den Mund. Aber im Herzen war er beunruhigt. Er dachte: *„Ist es möglich, daß mein Meister in Wirklichkeit ein hartherziger Mensch ist? Oder hat er nicht die Macht, Menschen in Not zu helfen?"*

Wenig später kamen sie an die Küste, und er sah ein Boot, das unterging. Moses sagte: *„Meister! Seht! Das Boot sinkt!"*

Wieder befahl ihm der Meister: *„Schweig."* Also sagte Moses nichts mehr. Als sie nach Hause kamen, brachte er die Angelegenheit vor Gott, der zu ihm sagte:

„Dein Meister hatte recht. Das Kind, das ertrank, wäre die Ursache eines Krieges zwischen zwei Völkern geworden, in dem Hunderttausende umgekommen wären. Und was das sinkende Schiff betrifft, so war es mit Piraten bemannt, die eine Küstenstadt überfallen wollten, um dort viele friedliebende Menschen umzubringen."

Die Botschaft:

_____

_____

_____

Tragen Sie bitte hier ein, was Sie aus dieser Story für sich erkannt haben.

Wer fragt, der führt

In einem Kloster werden für Manager Meditationstage abgehalten. Zu den Regeln gehört auch ein Rauchverbot.

Zwei befreundete Manager können dies jedoch nicht streng einhalten und überlegen flüsternd auf dem Korridor, ob sie sich eine Zigarette leisten könnten.

Schließlich entscheiden sie, einer solle zum Prior zu gehen um anzufragen.

Nach kurzer Zeit kommt der eine niedergeschlagen und schon von weitem den Kopf schüttelnd wieder zurück: *„Ich habe den Prior gefragt, ob man beim Meditieren rauchen dürfe, und das hat er verneint."*

Der Rauchhunger der beiden wird aber immer stärker und schließlich sagt der zweite: *„Jetzt versuche ich es."*

Triumphierend und rauchend kommt er zurück: *„Er hat es erlaubt."*

„Das verstehe ich nicht, was hast du ihn gefragt?"

„Ob man beim Rauchen meditieren darf."

Die Botschaft:

_____

_____

_____

Tragen Sie bitte hier ein, was Sie aus dieser Story für sich erkannt haben.

Der Indianerhäuptling

Ein Manager machte hoch in den herbstlichen Dörfern der Rocky Mountains Urlaub. Gleich am ersten Tag sah er seinen Hüttenwirt Unmengen von Holz hacken und an der Hütte hochstapeln.

„Brauchen Sie wirklich so viel Holz?" fragte er ihn neugierig.
„Ja", antwortete der Wirt, „es wird ein harter Winter kommen."
„Und woher wissen Sie das?"

Der Wirt deutete zu den Bergen hinauf: „Sehen Sie das Rauchzeichen dort oben? Das ist Chimoukou, ein alter, weiser Indianerhäuptling. Wenn er schon jetzt im Frühherbst Rauchzeichen sendet, dann kommt ein langer, harter Winter."

Das ließ dem Manager keine Ruhe. Am nächsten Morgen machte er sich früh auf in die Richtung, wo das Rauchzeichen herkam. Nach einem langen Marsch fand er den Indianer, der ihn freundlich begrüßte.

„Ich habe gehört, daß Sie Rauchzeichen senden, weil ein harter Winter kommt. Woher wissen Sie das?" fragte er ihn sogleich.

Chimoukou, der Häuptling schaute ihm lange und - wie dem Manager schien - auch ein wenig verschmitzt in die Augen. Mit einem Wink bedeutete er ihm, er möge ihm folgen. Chimoukou ging ein wenig den Hang hinunter, bis er das Haus des Hüttenwirtes sehen konnte, zeigte hinab und sprach: „Der weiße Mann da unten hackt sehr viel Holz. Daran sehe ich, daß ein langer Winter kommt."

Die Botschaft:

_____

_____

Tragen Sie bitte hier ein, was Sie aus dieser Story für sich erkannt haben.

84

Der Scheich und seine beiden Söhne

Es war einmal ein Scheich, der fühlte, daß es langsam mit ihm zu Ende ging. Deshalb rief er seine beiden Söhne in sein Zelt und sagte:

„Ihr wißt, daß ich schon ziemlich alt bin und ich möchte euch meinen Besitz übertragen. Ihr seid beide geschickte Kamelreiter, aber ich will meine kostbare Reitkamelherde nicht zerreißen. Dem Klügeren von euch soll sie gehören."

Die Söhne schauten sich fragend an.

„Reitet beide bis zur Oase zurück" fuhr der Scheich fort, „derjenige, dessen Kamel vor Sonnenaufgang als letztes hier eintrifft, soll das Erbe bekommen."

Die Söhne schauten sich - diesmal noch ratloser - erneut an.

Doch plötzlich, wie von der Tarantel gestochen, rennt der jüngere los, steigt aufs Kamel und reitet in Windeseile davon.

Verdutzt bleibt der ältere zurück. Warum hatte es der jüngere so eilig?

Minuten später, als er sein Kamel besteigen will, wird es ihm klar: Der jüngere war mit dem Kamel des Bruders davongeritten.

Die Botschaft:

_____

_____

_____

Tragen Sie bitte hier ein, was Sie aus dieser Story für sich erkannt haben.

Eine merkwürdige Party

Es war einmal ein Mann, der hatte große Sorgen.

Da kam ihm eines Tages eine originelle Idee. Er sagte zu sich: ich lade meine Freunde zu einer „Problemaustausch-Party" ein. Wenn ich mit ihnen rede, geht es mir bestimmt besser.

Die Freunde kamen und packten nacheinander ihre Probleme aus. Es war interessant, zuzuhören.

Da kam dem Man eine noch originellere Idee:

„Wißt ihr was?" schlug er seinen Freunden vor, „jetzt werfen wir alle Probleme auf einen gemeinsamen Haufen und dann kann sich jeder am Schluß der Party das Problem mit nach Hause nehmen, von dem er glaubt, daß es am leichtesten zu lösen sei."

Die Freunde waren einverstanden. Doch was passierte nun? Jeder entschied sich für das Problem, das er mitgebracht hatte.

Die Botschaft:

_____

_____

_____

Tragen Sie bitte hier ein, was Sie aus dieser Story für sich erkannt haben.

Die Fusion

Es war einmal ein Huhn, das hatte eines Tages einen glänzenden Einfall:

„Laß uns zusammenarbeiten", sagte es zum Schwein. „Gemeinsam erreicht man mehr."

„Meinetwegen", grunzte das Schwein, „und wie soll das aussehen?"

„Ganz einfach: wir fusionieren und erzeugen gemeinsam ham and eggs. Ich liefere die Eier und du den Schinken."

Das Schwein denkt lange nach.

Schließlich meint es: „Die Idee ist im Prinzip wirklich gut, aber...dabei gehe ich ja drauf!"

„Nun ja", erwiderte das Huhn, „das haben Fusionen nun mal so an sich.

Die Botschaft:

_____

_____

_____

Tragen Sie bitte hier ein, was Sie aus dieser Story für sich erkannt haben.

Aktiv werden

Es waren einmal drei Holzarbeiter, deren Lastwagen mitten im Wald bis zu den Achsen im Schlamm versank.

Wie versteinert saßen sie in ihrem Führerhaus.

Der erste schlug wütend auf das Lenkrad und fluchte.

Der zweite sprang aus dem Lastwagen, legte sich unter einem Baum in den Schatten und sagte, er wolle sich ein wenig ausruhen, bis jemand vorbeikäme.

Und was machte der dritte?

Er nahm seine Axt und eine Säge, ging in den Wald und schnitt Äste zurecht. Diese legte er unter die Räder.

Nach einer Stunde konnten sie ihre Fahrt fortsetzen.

Die Botschaft:

_____

_____

_____

Tragen Sie bitte hier ein, was Sie aus dieser Story für sich erkannt haben.

Die Maus und der Adler

Die Indianer erzählen sich folgende Geschichte:

Eine Maus hörte eines Tages ein lautes Brüllen und ging diesem nach.

Unterwegs begegneten ihr viele Tiere, die sehr hilfsbereit waren und ihr den Weg wiesen.

Schließlich hatte auch die Maus eine Gelegenheit, jemandem ihre Hilfe anzubieten. Sie opferte ihre Augen, um zwei anderen Tieren zu helfen.

Blind und wehrlos ging sie weiter dem Brüllen nach. Da hörte sie plötzlich das Geräusch eines Adlers, der sich auf sie herabstürzte. Gleich darauf fühlte sie, daß sie in der Luft schwebte.

Es war ein sehr schönes Gefühl und plötzlich sah sie die ganze Schönheit der Erde unter sich.

Da hörte sie eine innere Stimme sagen: *„Du hast einen neuen Namen, du bist der Adler."*

Die Botschaft:

_____

_____

_____

Tragen Sie bitte hier ein, was Sie aus dieser Story für sich erkannt haben.

Das Duell

Ein Mongolenfürst und ein anderer, ihm feindlich gesinnter Herrscher trafen sich in der Nacht vor der Schlacht zum Duell.

Zunächst bekämpften sie sich auf das heftigste mit Worten.

Als es dann aber ernst werden sollte und sie zu den Waffen griffen, forderte ein „heiliger Mann" sie auf, auf den Waffengang zu verzichten und den Zweikampf mit Worten fortzuführen.

Die beiden waren mit diesem Vorschlag einverstanden. Wenig begeistert waren sie allerdings, als ihnen der „heilige Mann" die Bedingungen nannte: Sieger sollte nämlich der sein, der den anderen am überzeugendsten lobt.

Plötzlich waren die Kontrahenten gezwungen, einander mit ganz anderen Augen anzusehen. Zum erstenmal waren sie gezwungen, sich Gedanken über die positiven Seiten des Feindes zu machen.

Da zeigte sich, daß die Gegensätze, die unüberwindlich schienen, gar nicht so groß waren. Es öffnete sich plötzlich ein Weg, der zum Frieden führte.

Die Botschaft:

_____

_____

_____

Tragen Sie bitte hier ein, was Sie aus dieser Story für sich erkannt haben.

Die Parabel vom modernen Menschen

Es war einmal ein Mann, der hielt sich für sehr aufgeklärt. Er war überzeugt, ihm könne niemand etwas vormachen.

Eines Tages verirrte er sich in der Wüste. Nach vielen Tagen endlosen Laufens, sah er, vor Hunger und Durst halb wahnsinnig, in der Ferne eine Oase.

„Laß dich nicht täuschen", sagte er sich, „du weißt genau, daß das eine Luftspiegelung ist. Die Oase existiert gar nicht wirklich, ist nur eine Fata Morgana."

Er näherte sich der Oase, doch sie verschwand nicht. Im Gegenteil: er sah Dattelpalmen, sah das Gras, sogar Felsen, zwischen denen ein Quell entsprang.

„Sei vorsichtig", warnte er sich wieder selbst. „Das ist alles nur eine Ausgeburt deiner Hungerphantasie."

Jetzt hörte er sogar das Wasser sprudeln. „Aha", dachte er sich, „ganz typisch! Eine Gehörhalluzination."

Am nächsten Tag fanden ihn zwei Beduinen tot. „Kannst du das verstehen?" sagte der eine. „Die Datteln wachsen ihm doch beinahe in den Mund? Wie ist das möglich?"

„Er hat nicht daran geglaubt", antwortete der andere, „er war ein moderner Mensch."

Die Botschaft:

_____

_____

_____

Tragen Sie bitte hier ein, was Sie aus dieser Story für sich erkannt haben.

Die Schule der Tiere

Eines Tages beschlossen die Tiere, eine „Allgemeine Schule für Tiere" zu gründen.

Alle Tiere sollten an den folgenden Pflichtfächern teilnehmen:

    Laufen,

    Bergsteigen,

    Schwimmen und

    Fliegen.

Die Ente war im Schwimmen äußerst begabt und übertraf mit ihren Leistungen sogar ihren Schwimmlehrer. Sie machte aber recht langsame Fortschritte beim Fliegen und im Lauftraining war sie sehr schlecht. Zur Strafe mußte sie nachmittags nachsitzen, um Wettlaufen zu trainieren.

Dadurch wurden ihre Schwimmhäute so stark beansprucht, daß ihre Leistungen beim Schwimmen stark zurückgingen.

Aber eine durchschnittliche Leistung wurde durchaus akzeptiert und so machte sich niemand größere Sorgen darüber - außer der Ente.

Der Hase war im Laufen der beste, bekam aber Entzündungen in seinen Beinmuskeln aufgrund des Sondertrainings im Schwimmen.

Das Eichhörnchen war Spitze im Klettern, verlor aber immer mehr die Freude daran, weil seine Lehrer verlangten, es solle beim Flugunterricht vom Boden in die Höhe starten, statt von den Baumwipfeln in die Tiefe.

Von der Überanstrengung bekam es Muskelkater und erhielt nun sehr schlechte Noten beim Laufen und Klettern.

Der Adler war ein Problemschüler und wurde strengstens dafür bestraft, daß er nicht gehorchen wollte. Im Kletterunterricht war er zwar immer der erste auf dem Gipfel.

Er bestand aber darauf, auf seine eigene Art und Weise dorthin zu gelangen.

Die Botschaft:

_____

_____

_____

Tragen Sie bitte hier ein, was Sie aus dieser Story für sich erkannt haben.

92

Freude an der Arbeit

Ein Kaufmann aus Mexico City wollte Freunde auf ihrer Hazienda besuchen. Es war eine etwas mühsame Reise, denn die Straße war schlecht. Erschöpft kam unser Kaufmann endlich im Hochland an den Rand eines kleinen Dorfes und nahm sich vor, hier Rast zu machen.

Da sah er einen Indio, der vor seiner Hütte saß und einen Korb flechtete. Er arbeitete mit viel Geschick und verstand es auch noch obendrein, sein Produkt mit mehrfarbigen und feinen Mustern zu versehen.

Dem Kaufmann gefiel der Korb und er fragte nach dem Preis.

„50 Pesos, Senor", antwortete der Mann. Das war billig und schon regte sich der Geschäftssinn unseres Kaufmannes. Er rechnete sich aus, daß er mit solchen Körben bei den Touristen in der Stadt beachtlichen Gewinn erzielen könnte.

„Und was würden 20 Körbe kosten?" fragte er den Korbflechter.

„100 Pesos das Stück, Senor", war die Antwort.

„Moment mal", protestierte er Kaufmann, *„wenn ich Dir so viele Körbe abnehme, müßten sie doch billiger sein. Du aber verlangst den doppelten Preis"*.

Da lächelte der Indio und sprach: *„Senor, einen Korb machen - das ist Freude und Vergnügen -, aber 20 Körbe machen - keine Freude, sondern viel, viel Arbeit."*

Die Botschaft:

_____

_____

Tragen Sie bitte hier ein, was Sie aus dieser Story für sich erkannt haben.

Das Fensterbett

Zwei Schwerkranke liegen im selben Zimmer, einer an der Tür, der andere am Fenster. Nur der am Fenster kann hinaussehen.

Der andere hat keinen größeren Wunsch, als das Fensterbett zu erhalten. Der am Fensterbett leidet darunter.

Um den anderen zu entschädigen, erzählt er ihm täglich stundenlang, was er draußen alles beobachtet.

Eines Tages bekommt er einen Erstickungsanfall. Der an der Tür könnte die Schwester rufen. Er unterläßt es aber, denn er denkt nur an das Bett.

Am anderen Morgen ist der andere tot. Erstickt. Sein Fensterbett wird geräumt, der bisher an der Tür lag, erhält es. Sein Wunsch ist in Erfüllung gegangen.

Gierig und erwartungsvoll wendet er das Gesicht zum Fenster.

Doch was sieht er? Nichts, nur eine Mauer.

Wolfdietrich Schnurre

Die Botschaft:

_____

_____

_____

Tragen Sie bitte hier ein, was Sie aus dieser Story für sich erkannt haben.

94

Der Schüler und sein Meister

Ein Meister lehrte einst seinen Schülern: *„Wenn ihr vollkommen vertraut, wird euch nichts geschehen, und das Universum wird euch schützen."*

Ein Schüler glaubte seinem Meister aus vollem Herzen. Die anderen wollten sein Vertrauen auf die Probe stellen: *„Wenn du wirklich unserem Meister vertraust, wirst du durch die Flammen dieses Feuers dort gehen, ohne daß dir etwas passiert."*

Der Schüler blickte sie ruhig an und durchschritt die Flammen.

Und wieder versuchten ihn die Mitschüler, führten ihn zu einer Klippe 50 Meter über dem Meer und sagten: *„Wenn du wirklich dem Meister vertraust, dann springst du von hier aus ins Meer, und es wird dir nichts geschehen."*

Er sprang, tauchte auf und schwamm wohlbehalten ans Ufer.

Doch wieder dachten sich seine Neider etwas Neues aus. Sie brachten ihn zu einem steilen Abhang und forderten ihn auf: *„Spring, es wird dir nichts geschehen."*

Fünf Meter unter ihm war aber nur harter Steinboden. Trotzdem sprang er in die Tiefe und wurde nicht verletzt.

Der Meister hörte verwundert von den Taten seines Schülers und dachte sich: Was mein Schüler kann, das müßte ich eigentlich auch können; schließlich bin ich der Meister. Und er sprang ebenfalls. Doch der Aufprall auf den harten Steinboden brach ihm das Genick.

Die Botschaft:

Tragen Sie bitte hier ein, was Sie aus dieser Story für sich erkannt haben.

Es liegt in Deiner Hand

Es war einmal ein König, der grollte einem weisen Alten, weil ihn das Volk grenzenlos verehrte und bei jeder Gelegenheit um seinen Rat fragte. So manche Nacht saß er deshalb wach und grübelte, wie er den weisen Mann vor dem ganzen Volk in Verlegenheit bringen könnte um damit seinem Ruf zu schaden.

Endlich kam ihm eine Idee. Er rief sein ganzes Gefolge zusammen und ließ den weisen Mann zu sich kommen. Als der vor ihm stand, sagte der König zu ihm:

„Oh Weisester aller Sterblichen, ich will Dir eine Frage stellen: zwischen meinen Händen gefangen ist ein winziger kleiner Vogel. Sag mir, ist er tot oder lebendig?"

Der weise Mann durchschaute sofort die List des Königs.

Er wußte, würde er „lebendig" sagen, würde der König die Hände zusammenpressen und das Tier töten. Wenn er aber „tot" sagte, würde er die Hand öffnen und den Vogel freilassen.

In beiden Fällen wäre sein Ruf verloren.

Der König bemerkte sein Überlegen und drängte: *„Gib Antwort! Du weißt doch immer alles. Ist er tot oder lebendig?"*

Da antwortete der weise Mann langsam: *„Es liegt ganz in Deiner Hand, König. Es liegt ganz in Deiner Hand."*

Die Botschaft:

_____

_____

_____

Tragen Sie bitte hier ein, was Sie aus dieser Story für sich erkannt haben.

96

Der Spatzen-Pfau

Ein Spatz wollte sein wie ein Pfau. Wie imponierte ihm der stolze Gang des großen Vogels, der hoch getragene Kopf, das mächtige Rad, das er schlug!

„So will ich auch sein", sagte der Spatz. *„Ich werde ein Super-Image bekommen."*

Was tat er?

Er reckte den Kopf, atmete tief ein, daß sich sein schmales Brüstchen schwellte, spreizte die Schwanzfedern und versuchte so elegant zu laufen, wie er es bei dem Pfau gesehen hatte.

Er fühlte sich mächtig stolz dabei. Das tat er längere Zeit so. Doch dann merkte er, daß ihn die ungewohnte Haltung anstrengte. Der Hals schmerzte, die Füße taten ihm weh, und was das Schlimmste war, die anderen Vögel, die aufgeblasenen Amseln, die putzsüchtigen Kanarienvögel und die dümmlichen Enten, sie lachten alle über ihn.

Das ärgerte ihn gewaltig. *„Das Spiel gefällt mir nicht, ich habe es satt, Pfau zu sein. Ich will mich wieder wie ein Spatz benehmen."*

Doch dafür war es zu spät. Denn als er versuchte wieder wie ein Spatz zu laufen, gelang es ihm nicht mehr. Statt wie vorher zu laufen, konnte er nur noch hüpfen. - Auf diese Weise sollen die Spatzen das Hüpfen gelernt haben.

Die Botschaft:

_____

_____

_____

Tragen Sie bitte hier ein, was Sie aus dieser Story für sich erkannt haben.

Die nutzlose Eiche

Ein Zimmermann und sein Lehrling gingen miteinander durch einen großen Wald. Als sie auf einen riesengroßen, wunderschönen alten Eichbaum stießen, fragte der Zimmermann seinen Lehrling:

„Weißt du, weshalb der Baum so groß, so knorrig, so alt und so wunderschön ist?"

Der Lehrling schaute seinen Meister an und sagte:

„Nein ... warum?"

„Deshalb", sagte der Zimmermann, *„weil er nutzlos war. Wäre er brauchbar gewesen, dann wäre er schon lange gefällt und zu Tischen und Stühlen verarbeitet worden. Aber weil er unbrauchbar war, konnte er so groß und so wunderschön werden, daß man sich nun in seinen Schatten setzen und sich unter ihm erholen kann."*

Die Botschaft:

_____

_____

_____

Tragen Sie bitte hier ein, was Sie aus dieser Story für sich erkannt haben.

Teufelskreis

Ein Mann kam täglich zur Theke einer kleinen Bar um die Ecke. Er hatte tieftraurige Augen und war wenig gesprächig.

Die Bewohner des kleinen spanischen Dorfes nannten ihn den „Schlürfer", nicht nur wegen seiner merkwürdigen Gehweise, sondern auch wegen seines großen Durstes.

Er bestellte sich an der Theke zunächst ein Gläschen Jerez, dann einen roten Landwein und schließlich einen ganzen Krug Sangria. Wenn er diesen bis auf den Grund geleert hatte, pflegte er zu bezahlen und ebenso tieftraurig, wie er gekommen war, wieder zum Perlvorhang hinauszuschlürfen, die Knie tief eingebogen.

Ein Gast, der ihn nun schon seit Tagen beobachtete, fragte ihn: *„Wie kommt es, daß Ihr nie lustig werdet? Andere, die soviel wie Ihr trinken, werden fröhlich, ausgelassen, tanzen wohl auch ein bißchen, wenn sie zur Tür hinaus das Weite suchen, Ihr aber kommt ebenso herein wie heraus. Warum trinkt Ihr eigentlich?"*

Die Antwort kam zögernd: *„Ich trinke, weil ich traurig bin!"* - *„Aber dann müßtet Ihr doch heiter werden, wenn Ihr getrunken habt?"* - *„Nein, denn dann bin ich traurig, weil ich trinke!"*

Die Botschaft:

_____

_____

_____

Tragen Sie bitte hier ein, was Sie aus dieser Story für sich erkannt haben.

99

Zwei Steine im Beutel

Es war vor vielen hundert Jahren, da lebte in Nürnberg ein ehrbarer Kaufmann. Sein größtes Glück war seine Tochter, jung und schön. Er war sehr stolz auf sie und er liebte sie über alles.

Aber wie das so oft ist im Leben: Glück und Unglück liegen oft dicht beieinander: sein Unglück war, daß er bei einem alten, häßlichen Wucherer mit einer großen Summe in der Kreide stand.

Wie Sie sich denken können, war der alte Wucherer scharf auf die Kaufmannstochter und machte deshalb dem Kaufmann folgenden Vorschlag: *„Wenn du mir deine Tochter zur Frau gibst, sind dir alle Schulden erlassen."*

Die beiden lehnten entsetzt ab.

„Na gut", gab sich der Wucherer großzügig, *„dann lassen wir eben das Schicksal entscheiden. Sieh her"*, wandte er sich an die Tochter, *„wir stehen hier auf einem Gartenweg, der mit vielen Kieselsteinen bestreut ist: schwarzen und weißen. Ich bücke mich jetzt und gebe zwei Steine in diesen Beutel hier: einen schwarzen und einen weißen. Und jetzt zieh'! Ziehst du den schwarzen Stein, dann mußt du mich heiraten. Aber deinem Vater sind alle Schulden erlassen. Ziehst du den weißen Stein, dann mußt du mich nicht heiraten und deinem Vater sind trotzdem alle Schulden erlassen. Zieh!"*

Die Kaufmannstochter mußte die Angst wohl besonders vorsichtig gemacht haben, denn sie hatte bemerkt, daß der Wucherer zwei schwarze Steine in den Beutel geschmuggelt hatte. Das bedeutete für sie: welchen sie auch zog, sie mußte den Wucherer heiraten.

Was tun?

Beide Steine herausnehmen, um den Betrüger zu entlarven?

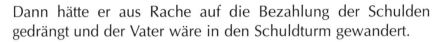

Dann hätte er aus Rache auf die Bezahlung der Schulden gedrängt und der Vater wäre in den Schuldturm gewandert.

Einen weißen Stein in den Beutel schmuggeln?

Das hätte er gemerkt.

Die Spielregeln verändern, Schwarz als Glücksfarbe bestimmen. Damit wäre er nicht einverstanden gewesen.

Was also tun???

Sie griff in den Beutel, nahm einen Stein heraus und ließ ihn im gleichen Moment scheinbar unabsichtlich auf den Gartenweg fallen.

„Oh, ich Tolpatsch", rief sie, *„jetzt wissen wir gar nicht mehr, welchen Stein ich gezogen habe, denn hier auf dem Gartenweg liegen ja viele schwarze und weiße Steine. Aber -"* wandte sie sich fröhlich an den Wucherer, *„das macht je gar nichts aus, denn der Stein, der sich noch im Beutel befindet, wird uns zeigen, welchen ich gezogen habe."*

Die Botschaft:

_____

_____

_____

Tragen Sie bitte hier ein, was Sie aus dieser Story für sich erkannt haben.

Die Auster und die Perle

Es war einmal eine Auster, die klagte ihrer jüngeren Schwester:

„Ich habe große Schmerzen. Ich habe das Gefühl, als trüge ich eine Kugel aus Blei in meinem Leib. Was soll daraus werden?"

Die Schwester erwiderte mitleidlos:

„Ich fühle mich kerngesund, bin munter und fidel. Du wirst an deiner Kugel noch sterben; ich habe das Leben noch vor mir."

Ein Krebs hatte dem Gespräch der beiden gelauscht. „Was verstehst du, stolze Auster", wandte er sich vorwurfsvoll an die jüngere, „schon vom Leben? Meinst du denn, Jugend, Schönheit und Gesundheit sind alles? Deine Schwester hat zwar Schmerzen, aber sie trägt eine Perle in sich!"

Die Botschaft:

_____

_____

_____

Tragen Sie bitte hier ein, was Sie aus dieser Story für sich erkannt haben.

Schere und Nadel

Ein König besucht den Sufi-Weisen Farid. Als Gastgeschenk bringt er eine goldene, mit Diamanten besetzte Schere mit - eine kostbare Gabe.

Der König verneigt sich vor Farid und reicht ihm die Schere. Farid schaut sie sorgfältig an und gibt sie dem König zurück: *„Herr, ich danke dir für dein Geschenk. Ich weiß, es ist kostbar, aber ich kann es nicht brauchen. Viel schöner wäre es, du gäbest mir nur eine einfache Nadel."*

Der König: *„Das verstehe ich nicht. Nadeln sind nicht wertvoll. Und wenn du eine Nadel brauchst, dann brauchst du auch eine Schere."*

Darauf Farid: *„Scheren schneiden die Dinge entzwei. Eine Nadel aber näht sie zusammen. Ich lehre Liebe. Und Liebe will zusammenfügen, nicht entzweischneiden."*

Der König verstand, nahm die Schere mit und ließ Farid eine goldene Nadel senden.

Die Botschaft:

_____

_____

_____

Tragen Sie bitte hier ein, was Sie aus dieser Story für sich erkannt haben.

Gott fügt alles wunderbar

Ein König hatte einen Minister, der bei jeder passenden und unpassenden Gelegenheit sagte: *„Gott fügt alles wunderbar."*

Nach einiger Zeit hatte der König diesen Satz so oft gehört, daß er ihn nicht mehr ertragen konnte. Die beiden sind auf der Jagd. Der König schießt einen Hirsch. Minister und König sind hungrig, machen Feuer, grillen den Hirsch, der König beginnt zu essen und schneidet sich in seiner Gier einen Finger ab. Der Minister: *„Gott fügt alles wunderbar."*

Jetzt reicht es dem König. Wütend entläßt er den Minister. Der König, vom Hirschbraten gesättigt, schläft ein. Wilde Räuber, Anhänger der Göttin Kali, überfallen und fesseln ihn, wollen ihn ihrer Göttin opfern und verspeisen.

Im letzten Moment bemerkt einer der Kali-Anhänger den fehlenden Finger. Die Räuber beratschlagen sich: *„Diesem Mann fehlt ein Körperteil. Unserer Göttin darf nur Vollkommenes geopfert werden."* Sie lassen ihn laufen. Der König erinnert sich an die Worte des Ministers: *„Gott fügt alles wunderbar"* und begreift: Genau so ist es. Er fühlt sich schuldig und läßt ihn suchen. Nach langer Zeit wird er gefunden.

Der König entschuldigt sich und bittet ihn, wieder in seine Dienste zu treten. Der Minister: *„Du brauchst dich nicht zu entschuldigen. Ich bin dankbar, daß du mich fortgeschickt hast. Mich hätten die Räuber geopfert. Mir fehlt kein Finger. Gott fügt alles wunderbar."*

Die Botschaft:

_____

_____

Tragen Sie bitte hier ein, was Sie aus dieser Story für sich erkannt haben.

Zimmer für eine Nacht

Ein Mann kommt in ein ländliches Gasthaus und bittet um ein Zimmer für eine Nacht.

Es gefällt ihm so gut, daß er auch noch die nächste Nacht bleibt. Schließlich bleibt er eine Woche, einen Monat...

Jeden Tag sagt er am Abend: *„Ich werde noch einen Tag bleiben."*

Nach etwa zwei Monaten kommt der Wirt und fragt ihn: *„Wollen Sie nicht lieber sagen, wie lange Sie bleiben werden? Ich könnte Ihnen dann einen günstigeren Preis anbieten."*

Daraufhin erwidert der Mann: *„Nein, ich möchte mich jeden Tag neu entscheiden, ob ich noch bleibe oder weiterziehe. Wenn ich Ihnen sagen würde, wie lange ich bleiben will, wird die Qualität Ihres Services nachlassen. Ich werde Ihnen sehr schnell selbstverständlich sein."*

Die Botschaft:

_____

_____

_____

Tragen Sie bitte hier ein, was Sie aus dieser Story für sich erkannt haben.

Die Energie der Stille

Ein Mann hatte ein seltsames Hobby. Er sammelte Reden - all die großen Reden dieses Jahrhunderts: von Martin Luther King, Kennedy, Adenauer, Weizsäcker, Gorbatschow, Mitterand, Che Guevara, Eisenhower und all den anderen.

Diese Reden besaß er auf Bändern und Kassetten, und er hörte sie oft; aber je öfter er sie hörte, desto mehr fiel ihm auf, wieviel Energie in den Pausen steckte.

Dem spürte er nach und kam schließlich - nach Jahren - dahin, daß er die Pausen aus all den vielen Reden herausschnitt und aneinanderklebte.

Anschließend hörte er nur noch die Stille der Pausen und erfuhr in Minutenschnelle die geballte geistige Energie der großen Redner dieses Jahrhunderts.

frei nach Heinrich Böll

Die Botschaft:

_____

_____

_____

Tragen Sie bitte hier ein, was Sie aus dieser Story für sich erkannt haben.

Vom Rauschen der Stille

Und siehe, der Herr ging vorüber, und es kam ein gewaltiger Sturm, der die Berge stürzte und die Felsen zerbrach.

Aber Gott sprach nicht im Wind.

Nach dem Wind aber kam ein Erdbeben, und es wütete im ganzen Land. Aber Gott sprach nicht im Erdbeben.

Und nach dem Erdbeben kam ein Feuer, das alles von Menschen Gebaute verbrannte.

Aber Gott sprach nicht im Feuer.

Und nach dem Feuer kam die Stille. Und im Rauschen der Stille - da sprach Gott.

Erstes Buch der Könige, Übersetzung nach Martin Buber

Die Botschaft:

_____

_____

_____

Tragen Sie bitte hier ein, was Sie aus dieser Story für sich erkannt haben.

Lord Krishna und die zwei Könige

Lord Krishna wollte die Weisheit seiner Könige testen. Er ließ den König Duryodana, der für seine Grausamkeit, Gier und Habsucht bekannt war, zu sich rufen und sagte ihm:

„Ich möchte, daß du dich auf die Reise machst und einen wahrhaft guten Menschen findest. Bringe ihn bitte zu mir."
Duryodana versprach. Nach Jahren der Wanderschaft kam er zurück zu Gott Krishna und berichtete:

„Ich habe die ganze Welt bereist und überall nach einem wahrhaft guten Menschen gesucht, aber ich konnte ihn nicht finden. Alle Menschen sind grausam, gierig und böse."

Daraufhin ließ Krishna den König Dhammaraja rufen, der für seine Güte und Selbstlosigkeit bekannt war, und befahl ihm:

„Ich möchte, daß du dich auf die Reise machst und einen wahrhaft bösen und grausamen Menschen suchst."

Also machte sich Dhammaraja auf die Reise. Auch er war jahrelang unterwegs - überall nach bösen Menschen suchend. Schließlich kehrte er zu Lord Krishna zurück und berichtete:

„Ich konnte nicht finden, was ich suchen sollte. Es mag Leute geben, die Fehler machen - vielleicht weil sie mißhandelt oder irregeleitet wurden, aber ich konnte niemanden finden, der böse ist. In ihrem Herzen sind alle Menschen gut."

Die Botschaft:

___

___

___

Tragen Sie bitte hier ein, was Sie aus dieser Story für sich erkannt haben.

Der Indianer und die Grille

Ein Indianer und ein Weißer gehen durch eine Stadt. Ringsum rauscht der Großstadtverkehr.

Plötzlich hält der Indianer den Weißen an: *„Hörst du, da zirpt eine Grille."*

Der Weiße: *„Hier gibt's keine Grillen. Alles, was ich höre, sind Autos, LKWs, Motorräder."*

Während die beiden weitergehen, läßt der Indianer unauffällig eine Cent-Münze fallen. Sie rollt ein kleines Stück auf dem Asphalt und bleibt liegen. Zwei, drei der vorüberhastenden Menschen hören: Da ist ein Geldstück gefallen, bleiben stehen und beginnen zu suchen. Einer nimmt die Münze auf, steckt sie ein.

Der Indianer und der weiße Mann beobachten dies und gehen weiter. Nach wenigen Schritten schiebt der Indianer einige Pflanzenblätter vor einer Hausmauer beiseite und - da sitzt die Grille. Der Weiße: *„Kein Wunder, ihr Indianer hört eben besser."*

Der Indianer: *„Die Münze, die gerade gefallen ist, war viel leiser als die Grille. Ihr Weißen hört auf das Geld, ich höre auf die Grille."*

Hopi

Die Botschaft:

_____

_____

_____

Tragen Sie bitte hier ein, was Sie aus dieser Story für sich erkannt haben.

Das Wissen loslassen

Der griechischen Göttersage zufolge, gab der Gott Merkur der sterbenden Muse Philologea - der Mutter der Philosophie und der Philologie - die Aufgabe, sie möge ihr ganzes Wissen, das sie im Laufe ihres Lebens aus Hunderten von Büchern zusammengelesen und gespeichert hatte, erbrechen. Wenn sie es nicht täte, dürfe sie nicht in den Olymp der Götter aufsteigen.

Philologea aber hielt all ihr reiches Wissen für einen unwiederbringlichen Schatz und brachte es nicht fertig, es herzugeben.

Sie starb und wurde vergessen. Ihr Name ist heute nur noch wenigen Spezialisten bekannt.

Aber ihr Verhalten kennen wir alle.

Griechischer Mythos

Die Botschaft:

_____

_____

_____

Tragen Sie bitte hier ein, was Sie aus dieser Story für sich erkannt haben.

Tue, was du tust

Es war einmal ein buddhistischer Mönch, der erschien seinen Schülern so gelassen, so konzentriert und souverän, daß sie ihn eines Tages fragten:

„Meister, du bist die Ruhe selbst, wie machst du das eigentlich?"

„Ganz einfach", antwortete er, „wenn ich sitze, dann sitze ich, wenn ich stehe, dann stehe ich und wenn ich laufe, dann laufe ich."

„Meister", riefen die Schüler, „das tun wir auch. Was machst du denn sonst noch?"

„Ich kann mich nur wiederholen", gab er zur Antwort, „wenn ich sitze, dann sitze ich, wenn ich stehe, dann stehe ich und wenn ich laufe, dann laufe ich."

„Du willst uns wohl auf den Arm nehmen", protestierten seine Schüler, „das tun wir doch alles auch."

„Nein", entgegnete er, „wenn ihr sitzt, dann steht ihr schon, wenn ihr steht, dann lauft ihr schon und wenn ihr lauft - dann seid ihr schon am Ziel."

Die Botschaft:

_____

_____

_____

Tragen Sie bitte hier ein, was Sie aus dieser Story für sich erkannt haben.

Schlüssel im Herzen

Als Gott die Welt schuf, waren die Menschen noch alle bei ihm in seinem himmlischen Reich. Aber Gott wollte, daß sie sich auf die Erde begaben, die er für sie bestimmt hatte.

„Was können wir tun," fragte der Erzengel Gabriel, „damit sie nicht immer hierher zu uns in den Himmel kommen? Sie sollen dort leben, wo sie hingehören auf der Erde."

Gott und die Erzengel berieten. Der Engel Michael sagte: „Wir müssen den Himmel verschließen."

„Aber wo lassen wir den Schlüssel?", fragte Gabriel.

Michael: „Wir müssen ihn verstecken. An irgendeinem Ort, wo die Menschen ihn nicht finden."

Einer der Engel schlug vor: „Wir könnten den Schlüssel im Meer versenken."

Darauf Gott: „Ich kenne die Menschen. Sie werden ihn finden."

Ein anderer Engel: „Dann verstecken wir ihn im Schnee der höchsten Berge."

Gott: „Sie werden ihn finden."

Der Engel Esekiel, der auch ein moderner Engel ist: „Wir schießen ihn in den Weltraum."

Gott: „Sie werden ihn finden."

Da meldete sich Gabriel: „Ich hab's gefunden. Wir verstecken den Schlüssel im Herzen der Menschen."

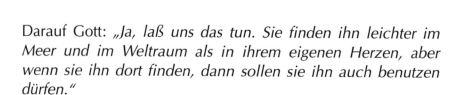

Darauf Gott: „Ja, laß uns das tun. Sie finden ihn leichter im Meer und im Weltraum als in ihrem eigenen Herzen, aber wenn sie ihn dort finden, dann sollen sie ihn auch benutzen dürfen."

Sufi

Die Botschaft:

_____

_____

_____

Tragen Sie bitte hier ein, was Sie aus dieser Story für sich erkannt haben.

Der verachtete Rat

Ein Fußgänger auf der Basler Straße drehte sich um und sah einen wohlbeladenen Wagen schnell hinter sich hereilen. *„Dem muß es arg pressieren"*, dachte er.

„Kann ich vor Torschluß noch in die Stadt kommen?" fragte ihn der Fuhrmann.

„Schwerlich", sagte der Fußgänger, *„doch wenn Ihr recht langsam fahrt, vielleicht. Ich will auch noch hinein."*

„Wie weit ist's noch?"
„Noch zwei Stunden."

„Ei," dachte der Fuhrmann, *„der will mich auf den Arm nehmen."*

Also trieb er die Pferde an, daß die Steine davonflogen und die Pferde die Eisen verloren.

„Was gilt's," denkt er, *„es fuhr ein Rad vom Wagen."*

In Wahrheit jedoch war die hintere Achse gebrochen. Der Fuhrmann mußte schon im nächsten Dorf übernachten. An Basel war nimmer zu denken.

Der Fußgänger aber, als er nach einer Stunde durch das Dorf ging und ihn vor der Schmiede erblickte, hob den Zeigefinger in die Höhe: *„Hab ich Euch nicht gewarnt"*, sagte er, *„hab ich nicht gesagt: wenn Ihr langsam fahrt!"*

Frei nach Johann Peter Hebel

Die Botschaft:

_____

_____

Tragen Sie bitte hier ein, was Sie aus dieser Story für sich erkannt haben.

Der Mann und sein Schatten

Es war einmal ein Mann, den verstimmte der Anblick seines eigenen Schattens so sehr, der war so unglücklich über seine eigenen Schritte, daß er beschloß, sie hinter sich zu lassen.

Er sagte zu sich: Ich laufe ihnen einfach davon. So stand er auf und lief davon.

Aber jedesmal, wenn er seinen Fuß aufsetzte, hatte er wieder einen Schritt getan, und sein Schatten folgte ihm mühelos.

Er sagte zu sich: Ich muß schneller laufen. Also lief er schneller und schneller, lief so lange, bis er tot zu Boden sank.

Wäre er einfach in den Schatten eines Baumes getreten, so wäre er seinen eigenen Schatten losgeworden, und hätte er sich hingesetzt, so hätte es keine Schritte mehr gegeben. Aber darauf kam er nicht.

Thomas Merton. Sinfonie für einen Seevogel

Die Botschaft:

_____

_____

_____

Tragen Sie bitte hier ein, was Sie aus dieser Story für sich erkannt haben.

Bis die Seele nachkommt

Eine Himalaya-Expedition war unterwegs nach Norden.

Nachdem die Gruppe den ersten großen Paß überschritten und eine kurze Rast gemacht hatte, rief der Expeditionsleiter wieder zum Aufbruch. Dem leisteten aber die indischen Träger, nicht Folge. Als ob sie nichts gehört hätten, blieben sie weiter auf ihren Planen hocken, die Augen am Boden, und schwiegen.

Als der Europäer weiter in sie drang, schauten ihn einige Augenpaare verwundert an. Schließlich sagte einer: *„Wir können nicht weitergehen, wir müssen warten, bis unsere Seelen nachgekommen sind."*

Indisch

Die Botschaft:

_____

_____

_____

Tragen Sie bitte hier ein, was Sie aus dieser Story für sich erkannt haben.

Zeichen auf dem Weg

Ein Mann schickte seine beiden Söhne, Tambu und Rafiki hinaus ins Grasland, um sich in den Dörfern umzusehen. Er gab ihnen den Auftrag: *„Hinterlaßt Zeichen auf eurem Weg!"*

Die beiden Söhne gehorchten dem Vater und gingen hinaus ins Grasland. Nach wenigen Schritten schon begann Tambu Zeichen auf seinen Weg zu machen. Er knüpfte einen Knoten ins hohe Grasbüschel, dann ging er ein Stück weiter und knickte einen Zweig von einem Busch. Dann knüpfte er wieder Knoten ins Grasbüschel. So war der ganze Weg, den er ging, voller Zeichen. Aber er zog sich von allen Menschen zurück und sprach mit niemandem.

Ganz anders verhielt sich sein Bruder Rafiki. Er machte keine Zeichen am Weg. Aber im ersten Dorf setzte er sich zu den Männern im großen Palaverhaus, hörte zu, aß und trank mit ihnen und erzählte aus seinem Leben.

Im nächsten Dorf schloß Rafiki Kontakt mit einem Jungen, der ihn in seine Familie mitnahm, in die Dorfgemeinschaft einführte.

Im dritten Dorf bekam Rafiki von einem Mädchen bei der sengenden Hitze einen kühlen Trunk angeboten und durfte das Dorffest mitfeiern.

Tambu bekam von alledem nichts mit; er hatte Arbeit mit seinen Grasbüscheln und geknickten Zweigen. Als die beiden Brüder nach ihrer Heimkehr dem Vater von ihren Erlebnissen erzählten, machte er sich mit ihnen auf denselben Weg. Überall wurde Rafiki mit seinem Vater herzlich aufgenommen - Tambu aber kannte kein Mensch.

„Ich verstehe nicht, warum mich keiner kennt", sagte Tambu, *„alle sind zu Rafiki freundlich, der nichts anders getan hat, als*

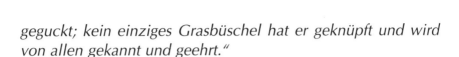

geguckt; kein einziges Grasbüschel hat er geknüpft und wird von allen gekannt und geehrt."

Da sagte der Vater: *„Es gibt noch andere Zeichen als Grasbüschel, mein Kind: Das sind Zeichen, die ein Mensch in den Herzen anderer Menschen hinterläßt, wenn er zu ihnen geht, mit ihnen spricht und ihnen seine Freundschaft zeigt. Solche Zeichen in den Herzen der Menschen bleiben, wenn die Grasbüschel längst von Tieren gefressen oder vom Wind weggetragen sind."*

Da sagte Tambu: *„Ich will auch lernen, solche Zeichen auf meinem Weg zu hinterlassen wie Rafiki."*

Afrikanisch

Die Botschaft:

_____

_____

_____

Tragen Sie bitte hier ein, was Sie aus dieser Story für sich erkannt haben.

Die Schale des Verlangens

Es war einmal ein König, der einem Derwisch einen Wunsch erfüllen wollte. Der Derwisch wünschte sich, daß man seine Bettelschale mit Goldmünzen füllen möge.

Der König hielt es für die leichteste Sache der Welt, die Schale zu füllen. Aber die Schale erwies sich als eine Zauberschale. Als er versuchte, sie zu füllen, wurde sie nicht voll. Je mehr Geld hineingeschüttet wurde, desto leerer wurde sie.

Der König war sehr enttäuscht. Da sagte ihm der Derwisch: „Majestät, wenn Sie meine Schale nicht füllen können, so sagen Sie es nur, und ich werde sie wieder mit mir nehmen."

Das ärgerte den König. Darum befahl er: „Derwisch, erzähle mir von dem Geheimnis deiner Schale. Es scheint nicht natürlich zu sein. Es gibt einen Zauber darin, erzähle mir das Geheimnis."

Der Derwisch antwortete: „Ja, Majestät, es ist wahr, was Sie erkannt haben, es ist eine Zauberschale. Es ist das Herz des Menschen, das niemals zufrieden ist. Füllen Sie es, womit Sie wollen, mit Reichtum, mit Aufmerksamkeit, mit Liebe, mit Wissen, mit allem, was es gibt. Es wird niemals gefüllt sein, denn es ist ihm nicht bestimmt, gefüllt zu werden. Weil er dies Geheimnis des Lebens nicht kennt, strebt der Mensch beständig nach allen Dingen, die er vor sich sieht. Und je mehr er bekommt, desto mehr wünscht er sich, und die Schale seines Verlangens wird niemals gefüllt."

Die Botschaft:

_____

_____

_____

Tragen Sie bitte hier ein, was Sie aus dieser Story für sich erkannt haben.

Der Geizhals und der Engel des Todes

Mit Anstrengung, Handel und Vergabe von Kredit hatte ein Geizhals dreihunderttausend Dinare angehäuft. Er besaß Ländereien, Häuser und Besitztümer jeglicher Art.

Eines Tages entschloß er sich, ein Jahr dem Vergnügen zu widmen und gut zu leben. Dann würde er entscheiden, wie die Zukunft aussehen solle.

Aber fast im selben Augenblick, als er damit aufgehört hatte, Geld aufzuhäufen, erschien der Engel des Todes bei ihm, um sein Leben zu nehmen.

Der Geizhals versuchte mit jedem Mittel, das ihm zur Verfügung stand, den Engel von seinem Vorhaben abzubringen. Der Engel jedoch schien unnachgiebig. Da sagte der Mann:

„Laß mir nur drei Tage, dann gebe ich Dir ein Drittel meines Vermögens."

Der Engel weigerte sich, und zerrte noch einmal am Leben des Geizhalses, um es fortzunehmen. Darauf sagte der Mann:

„Wenn Du mir nur zwei Tage auf dieser Erde läßt, sollen zweihunderttausend Dinare aus meinem Schatz Dir gehören."

Aber der Engel wollte nicht auf ihn hören. Er weigerte sich sogar, ihm nur einen einzigen Tag für die ganzen dreihunderttausend Dinare zu überlassen.

Schließlich sagte der Geizhals:

„Ich bitte Dich, laß mir dann nur soviel Zeit, wie ich brauche, um eine Kleinigkeit niederzuschreiben."

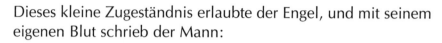

Dieses kleine Zugeständnis erlaubte der Engel, und mit seinem eigenen Blut schrieb der Mann:

„Oh Mensch, nütze Dein Leben. Nicht eine Stunde konnte ich für dreihunderttausend Dinare kaufen. Sorge dafür, daß Du den Wert Deiner Zeit erkennst."

Attar von Nischapur

Die Botschaft:

_____

_____

_____

Tragen Sie bitte hier ein, was Sie aus dieser Story für sich erkannt haben.

Weit wie der Himmel

Ein Schüler fragte seinen Lehrer:

„Was ist der richtige Weg?"

Der Meister erwiderte:

„Der alltägliche Weg ist der richtige Weg."

Wiederum fragte der Schüler:

„Kann man diesen Weg erlernen?"

Der Meister sagte:

„Je mehr du lernst, desto weiter kommst du vom Weg ab."

Darauf fragte der Schüler:

„Wenn man dem Weg nicht durch Lernen näherkommen kann, wie kann man ihn erkennen?"

Da sprach der Meister zu ihm:

„Der Weg ist nichts Sichtbares und auch nichts Unsichtbares. Er ist nichts Erkennbares und auch nichts Unerkennbares. Suche ihn nicht, lerne ihn nicht, nenne ihn nicht! Sei weit und offen wie der Himmel, und du bist auf dem richtigen Weg."

Die Botschaft:

_____

_____

_____

Tragen Sie bitte hier ein, was Sie aus dieser Story für sich erkannt haben.

Teestunde

Einmal wurde ein Meister nach dem Weg der Weisheit gefragt. Doch statt auf den Rat des Meisters zu hören, war der Besucher die ganze Zeit damit beschäftigt, von seinen Sorgen und Schwierigkeiten zu erzählen.

Schließlich kam die Teestunde, und der Meister begann einzuschenken. Er goß die Schale des Besuchers bis zum Rande voll und hätte nicht mit dem Einschenken aufgehört, wenn ihm sein Besucher nicht in den Arm gefallen wäre.

„Was tut ihr da, Meister", rief er, „seht Ihr denn nicht, daß die Schale voll ist?"

„Ja, sie ist voll", sagte der Meister, „und auch du bist bis zum Rand angefüllt mit Sorgen und Schwierigkeiten. Wie soll ich dir Weisheit einschenken, wenn du mir keine leere Schale reichst?"

Zen-Geschichte

Die Botschaft:

_____

_____

_____

Tragen Sie bitte hier ein, was Sie aus dieser Story für sich erkannt haben.

Der Schlüssel zur Harmonie

Von einem weisen Heiler wird folgende Geschichte erzählt. Eine Frau kam zu ihm und fragte: *„Können Sie mir sagen, was ich tun soll? Ich habe Schwierigkeiten mit meinem Mann. Jeden Tag gibt es zu Hause Streit."*

Er erwiderte: *„Das ist einfach. Ich gebe Ihnen diese Süßigkeiten. Behalten Sie sie im Mund, wenn Ihr Mann heimkommt, und alles wird wieder gut werden. Es sind magnetisierte Süßigkeiten."*

Sie nahm sie und stellte fest, daß es keinen Streit mehr gab.

Nach zehn Tagen waren die Süßigkeiten aufgebraucht. Da ging sie wieder zum Heiler und sagte: *„Ich gebe Ihnen, was Sie wollen, wenn Sie mir nur noch mehr von jenen Süßigkeiten geben. Sie sind wunderbar."*

Da antwortete der Lehrer: *„Nachdem Sie zehn Tage von diesen Süßigkeiten gegessen haben, sollten Sie verstehen, daß Ihr Mann, nachdem er sich den ganzen Tag abgemüht hat, nervös und müde ist, wenn er heimkommt. Natürlich ist er nicht in Stimmung, und dies haben Sie durch Ihr Reden verschlimmert. Sie sollten erkennen, daß Schweigen ein Schlüssel zur Harmonie ist."*

Die Botschaft:

_____

_____

_____

Tragen Sie bitte hier ein, was Sie aus dieser Story für sich erkannt haben.

Der Axtdieb

Ein Mann fand seine Axt nicht mehr. Er verdächtigte den Sohn seines Nachbarn und begann, ihn zu beobachten.

Sein Gang war der eines Axtdiebes.

Die Worte, die er sprach, waren die Worte eines Axtdiebes.

Sein ganzes Wesen und sein Verhalten waren die eines Axtdiebes.

Aber unvermutet fand der Mann beim Umgraben plötzlich seine Axt wieder.

Als er am nächsten Morgen den Sohn seines Nachbarn neuerlich betrachtete, fand er weder in dessen Gang noch in seinem Verhalten irgend etwas von einem Axtdieb.

Die Botschaft:

_____

_____

_____

Tragen Sie bitte hier ein, was Sie aus dieser Story für sich erkannt haben.

Wer bist du?

Eine Frau lag im Koma. Plötzlich hatte sie das Gefühl, sie käme in den Himmel und stünde vor dem Richterstuhl.

„Wer bist du?" fragte eine Stimme. „Ich bin die Frau des Bürgermeisters", erwiderte sie.

„Ich fragte nicht, wessen Ehefrau du bist, sondern wer du bist."

„Ich bin die Mutter von vier Kindern."

„Ich fragte nicht, wessen Mutter du bist, sondern wer du bist."

„Ich bin Lehrerin."

„Ich fragte nicht nach deinem Beruf, sondern wer du bist."

Und so ging es weiter. Alles, was sie erwiderte, schien keine befriedigende Antwort auf die Frage zu sein: „Wer bist du?"

„Ich bin eine Christin."

„Ich fragte nicht, welcher Religion du angehörst."

„Ich bin die, die jeden Tag in die Kirche ging und immer den Armen und Hilfsbedürftigen half."

„Ich fragte nicht, was du tatest, sondern wer du bist."

Offensichtlich bestand die Frau die Prüfung nicht, denn sie wurde zurück auf die Erde geschickt. Als sie wieder gesund war, beschloß sie, herauszufinden, wer sie war.

Die Botschaft:

_____

_____

_____

Tragen Sie bitte hier ein, was Sie aus dieser Story für sich erkannt haben.

Rumi und die Streitenden

Eines Tages ging Rumi durch die Straßen von Konya, als er zwei Männern begegnete, die einen heftigen Streit austrugen.

Der eine schrie den anderen an:

„Du kannst mich beschimpfen, soviel du willst; und du wirst sehen, daß du jedes Schimpfwort tausendfach zurückbekommst."

Daraufhin wandte sich Rumi an ihn: *„Was du auch zu sagen hast, sage es mir, denn wieviel Schimpfworte du auch an mich richtest, du wirst keines zurückbekommen."*

Tief beschämt versöhnten sich die Streitenden und schieden friedlich voneinander.

Türkische Derwischgeschichte

Die Botschaft:

_____

_____

_____

Tragen Sie bitte hier ein, was Sie aus dieser Story für sich erkannt haben.

Verzerrte Wahrnehmung

Eine Mutter wurde einmal gefragt:

„Wie geht es deiner Tochter?"

„Ach, meine liebe Tochter! Sie hat wirklich Glück! Ihr Mann ist wunderbar. Er hat ihr ein Auto geschenkt, jeden Schmuck, den sie sich wünscht, auch mehrere Dienstmädchen angestellt. Er bringt ihr das Frühstück ans Bett, und sie steht nicht vor Mittag auf. Ein wirklicher Prinz von einem Mann!"

„Und wie geht's deinem Sohn?"

„Der arme Junge! Was für eine Plage von Frau hat er geheiratet. Er hat ihr ein großes Auto gekauft, jeden Schmuck, den sie sich wünscht, und obendrein ein Heer von Dienstmädchen angestellt. Und sie weiß nichts anderes zu tun, als bis Mittag im Bett zu liegen. Nicht einmal das Frühstück richtet sie ihm!"

Anthony de Mello.

Die Botschaft:

_____

_____

_____

Tragen Sie bitte hier ein, was Sie aus dieser Story für sich erkannt haben.

Sich selbst retten

Es war einmal ein Mann, der einige Stück Vieh besaß und gehört hatte, daß Moses die Sprache der Tiere verstand. Er brachte ihn dazu, sie ihm beizubringen. Mit diesem Wissen ausgestattet hörte er nun seinen Tieren zu.

Der Hahn erzählte dem Hund, daß das Pferd bald sterben würde, und der Mann konnte ihn verstehen. Alsbald verkaufte er das Pferd, um keinen Verlust zu erleiden.

Einige Zeit später wandte er sein Wissen ein weiteres Mal an und bekam zu hören, wie der Hahn dem Hund vom nahen Tod des Esels berichtete. Und so konnte er den Esel verkaufen, bevor er einen Verlust hatte.

Als nächstes sagte der Hahn, daß der Sklave des Mannes bald sterben müsse. Schadenfroh verkaufte der Mann seinen Sklaven, um Geld zu sparen. Er war sehr zufrieden mit sich und, bildete sich ein, dies sei der Nutzen von Wissen: dem Menschen bei seinen alltäglichen Angelegenheiten zu Hilfe zu kommen. Jetzt jedoch bekam er vom Hund zu hören, wie er dem Hahn von seinem eigenen nahen Tod erzählte.

In Panik lief er zu Moses, um sich Rat zu holen, was er nun tun solle. Moses sagte: *„Du kannst jetzt hingehen und dich selbst verkaufen!"*

Anis Ahmad ibn El-Alawi

Die Botschaft:

_____

_____

_____

Tragen Sie bitte hier ein, was Sie aus dieser Story für sich erkannt haben.

Carpe diem

Einem Mann begegnete auf seinem Weg ein Tiger. Er floh, das wilde Tier verfolgte ihn.

An einer Klippe ergriff er eine wilde Weinrebe und schwang sich über den Rand. Von oben fauchte die Bestie nach ihm.

Voller Angst blickte der Mann tief hinunter und sah einen anderen Tiger, der nur darauf wartete, daß er ihn fressen konnte.

Zwei Mäuse, eine weiße und eine schwarze, begannen, an der Weinranke zu nagen.

Der Mann erblickte eine saftige Beere nahebei. Mit der einen Hand hielt er sich an der Ranke, mit der anderen pflückte er die Beere. Wie köstlich sie schmeckte!

Zen-Geschichte

Die Botschaft:

_____

_____

_____

Tragen Sie bitte hier ein, was Sie aus dieser Story für sich erkannt haben.

Die stumpfe Säge

Ein Spaziergänger läuft durch den Wald und trifft auf einen Mann, der fieberhaft daran arbeitet, einen Baum umzusägen.

„Was machen Sie da?" fragt er ihn.

„Das sehen Sie doch", antwortet er ungeduldig. „Ich säge diesen Baum ab."

„Sie sehen erschöpft aus! Wie lange sind Sie denn schon zugange?"

„Über fünf Stunden", sagt er, „und ich bin völlig k.o.! Dies ist harte Arbeit."

„Warum machen Sie dann nicht ein paar Minuten Pause und schärfen die Säge? Ich bin sicher, daß es dann viel schneller ginge."

„Ich habe keine Zeit, die Säge zu schärfen", ruft der Mann genervt. „Ich bin zu sehr mit dem Sägen beschäftigt."

Die Botschaft:

_____

_____

_____

Tragen Sie bitte hier ein, was Sie aus dieser Story für sich erkannt haben.

Richtige Einstellung

Zwei japanische Mönche gingen einst über Land. Sie wollten bei der Bevölkerung milde Gaben einsammeln, um die Existenz ihres Klosters zu sichern. Es regnete, was vom Himmel herunterging. Die Wege waren aufgeweicht und fast grundlos. Das Gehen fiel schwer.

Da standen sie plötzlich vor einem kleinen Fluß, der über die Ufer getreten war. Man konnte ihn gerade noch durchwaten, wenn man Schuhe und Strümpfe auszog. Das taten sie, als ein hübsches Mädchen des Weges kam, das auch ans andere Ufer wollte. Sie hatte feine Schuhe an den Füßen und einen seidenen Kimono um ihren zierlichen Körper geschlungen und blickte traurig auf das Wasser, das ihr den Weg versperrte.

„Komm her, Mädchen", sprach der ältere Mönch sogleich, nahm sie auf den Arm und trug sie übers Wasser.

Der jüngere Mönch sprach kein Wort, bis sie des Abends einen Tempel erreichten, in dem sie Rast machen konnten. Da konnte er seinen Grimm nicht länger beherrschen.

„Wir Mönche dürfen doch Frauen nicht berühren", sagte er zu seinem Weggenossen, *„vor allem nicht die jungen und hübschen. Es ist gefährlich. Das durftest du nicht tun."*

„Ich ließ das Mädchen dort stehen", sagte der andere, „Du trägst sie noch immer."

Die Botschaft:

_____

_____

_____

Tragen Sie bitte hier ein, was Sie aus dieser Story für sich erkannt haben.

Sieben steuern, einer rudert

Um herauszufinden, wer der Stärkere ist, veranstalteten jüngst eine deutsche und eine amerikanische Firma ein Wettrudern auf dem Rhein. Die Japaner gewannen zur allgemeinen Verblüffung mit einem Kilometer Vorsprung.

Tief betroffen setzte daraufhin das oberste Management des deutschen Unternehmens ein Projektteam ein, das die Ursachen der Niederlage erforschen sollte. Nach wochenlangen Analysen fand es heraus, daß bei den Japanern sieben Leute ruderten und einer steuerte, während im deutschen Boot einer ruderte und sieben steuerten.

Daraufhin engagierte das deutsche Unternehmen eine Beraterfirma, um die Struktur des Teams zu untersuchen. Nach einigen Monaten, verbunden mit beträchtlichen Kosten, ermittelten die Berater, daß die Deutschen nicht richtig gesteuert hätten.

Flugs wurde die Organisation geändert: Es gab fortan vier Steuerleute, zwei Obersteuerleute, einen Steuerdirektor und einen Ruderer. Für letzteren wurde als Ansporn ein Prämiensystem ausgetüftelt.

Im nächsten Jahr gewannen die Japaner mit zwei Kilometern Vorsprung.

Die Botschaft:

_____

_____

_____

Tragen Sie bitte hier ein, was Sie aus dieser Story für sich erkannt haben.

Harry, der Bettler auf der Themsebrücke

Harry, ein junger arbeitsloser Mann stand auf einer Themsebrücke in London und bettelte. Für ihn hatte niemand Arbeit, obwohl er alles versucht hatte.

Eines Tages tippt Harry ein junger, elegant gekleideter Geschäftsmann auf die Schulter und sagt zu ihm: *"Junger Mann, ich gebe Ihnen keinen Penny. Aber ich gebe Ihnen einen guten Rat, der mehr wert ist als alles Geld, das ich Ihnen geben könnte: Machen Sie sich nützlich".*

Und ohne Gruß setzt der junge Mann seinen Weg fort.

Während Harry noch seinen Gedanken nachhängt, geht eine alte Frau über die Brücke. Schweißbeladen zieht sie einen Handkarren hinter sich her, hochbeladen mit Tabak-Kisten. In diesem Augenblick durchzuckt Harry der Gedanke wie ein Blitz: *"Sich nützlich machen! Wäre das nicht die Gelegenheit?"*

Gedacht, getan. Harry läuft der Frau nach, hilft ihr den Handkarren schieben. Doch was passiert? Er ist kaum einige Schritte hinter dem Karren hergegangen, da bleibt die alte Frau stehen und kommt nach hinten und schimpft voller Mißtrauen: *"Scher' dich weg, du Strolch!"*

Harry versucht die alte Frau zu beruhigen, indem er ihr beteuert: *"Ich habe denselben Weg, und ich möchte mich Ihnen nur nützlich machen!"* Widerwillig läßt sich die alte Frau dazu bewegen, den Weg fortzusetzen.

Die beiden kommen schließlich zu einem Lagerhaus, wo Harry hilft, die Kisten abzuladen. Im Lagerhaus sieht Harry, wie andere Arbeiter damit beschäftigt sind, Eisenbahnwaggons zu beladen. Als er bemerkt, daß ein Arbeiter Mühe hat, mit einer schweren Kiste zurechtzukommen, legt er ebenfalls Hand an und hilft mit, die Waggons zu beladen. Es dauert nicht lange, bis ein Vorarbeiter vorbeikommt. „Wie lange haben Sie denn da schon geholfen?" fragt er ihn. „Kommen Sie mit mir an die Kasse, wir bezahlen Ihnen den Lohn, den Sie verdient haben. Dann aber verschwinden Sie!"

Am anderen Tag erwacht Harry recht unternehmungslustig und er überlegt sich, was er heute tun könnte. Es fällt ihm nichts Besseres ein, als erneut den Weg zu jenem Lagerhaus einzuschlagen, um zu sehen, ob eventuell wieder Eisenbahnwaggons beladen werden. Er muß aber feststellen, daß dies nicht der Fall ist. In den kommenden Wochen geht er nun alle Tag zu diesem Lagerhaus, um gelegentlich, wenigstens während einiger Stunden, doch Hand anlegen zu können.

Eines Tages kommt der Vorarbeiter auf ihn zu und erzählt ihm, daß einer der älteren Arbeiter gestorben sei: *„Wenn Sie es wünschen, können Sie in die Firma eintreten."*

Harry sagt zu. Auch als Arbeiter versucht er dem Prinzip nachzuleben: *„Mache dich unter allen Umständen und zu jeder Zeit nützlich!"*

Überrascht es Sie, daß Harry, der Bettler von der Themsebrücke, Generaldirektor eines der größten Transport- und Lagerhaus-Unternehmen in London wurde?

Die Botschaft:

_____

_____

Tragen Sie bitte hier ein, was Sie aus dieser Story für sich erkannt haben.

Das Wunderkästchen

Es war einmal eine Bauersfrau, die in ihrem Haus nur Unglück hatte und zusehen mußte, wie ihr Vermögen immer weniger wurde und ihr Anwesen immer mehr verlotterte.

Da ging sie in den Wald hinaus zu einem alten Einsiedler und erzählte ihm von ihrem Kummer. Sie sagte: *„Die Zeiten sind schlecht, kannst Du mir denn nicht helfen?"*

Der weise Mann gab ihr ein kleines verschlossenes Kästchen und sprach zu ihr: *„Du mußt dieses Kästchen dreimal am Tag und dreimal in der Nacht im ganzen Haus herumtragen, in der Küche, im Keller, im Stall und in jedem Winkel, dann wird es schon besser gehen. Bringe mir aber in einem Jahr das Kästchen wieder zurück."*

Die Frau befolgte den Rat des Einsiedlers ganz genau und trug das Kästchen fleißig umher. Dabei entdeckte und sah sie vieles, was ihr vorher unbekannt gewesen war. Als ein Jahr um war, brachte sie dem Einsiedler das Kästchen zurück und sagte: *„Hab' Dank guter Mann, Dein Kästchen hat mir sehr geholfen. Bei mir ist der Wohlstand wieder eingezogen, und mein Haus ist gut bestellt. Doch, sag an, was ist denn drin in Deinem Zauberkästchen, das solche Wunder vollbringen kann?"*

Da lächelte der alte Einsiedler und sagte: *„Das Kästchen ist leer, das Wunder hast Du selber vollbracht, weil Du dich noch mehr um Dein Haus gekümmert hast als zuvor und überall nach dem Rechten gesehen hast!"*

nach Grimms Märchen

Die Botschaft:

_____

_____

Tragen Sie bitte hier ein, was Sie aus dieser Story für sich erkannt haben.

Der Lahme und der Blinde

Ein Lahmer betrat eines Tages ein Wirtshaus und setzte sich neben einen Mann, der dort schon saß.

„Nie werde ich am Festschmaus des Sultans teilnehmen können", seufzte er, *„denn durch mein Gebrechen kann ich nicht schnell genug laufen."*

Der andere Mann hob den Kopf und sagte: *„Auch ich bin eingeladen, aber meine Lage ist noch schlimmer als deine. Ich bin blind und kann den Weg nicht sehen, obgleich auch ich eingeladen wurde."*

Ein Dritter, der ihr Gespräch mit angehört hatte, sagte: *„Begreift doch, daß ihr beide zusammen euer Ziel erreichen könnt. Der Blinde kann, mit dem Lahmen auf dem Buckel, gehen. Du kannst dich der Füße des Blinden bedienen, und dich können die Augen des Lahmen führen."*

Auf diese Weise konnten die beiden das Ende der Straße erreichen, wo das Fest sie erwartete.

Sufi

Die Botschaft:

_____

_____

_____

Tragen Sie bitte hier ein, was Sie aus dieser Story für sich erkannt haben.

Drei gute Ratschläge

Einst fing ein Mann einen Vogel.

Der Vogel sagte zu ihm: *"Als Gefangener habe ich keinen Wert für dich. Wenn du mich aber freiläßt, will ich dir drei wertvolle Ratschläge geben."*

Der Vogel versprach, den ersten guten Rat zu erteilen, solange er noch in der Gewalt des Mannes war, den zweiten, wenn er auf einen Zweig geflogen sei, den dritten, nachdem er den Gipfel eines Berges erreicht hätte.

Der Mann war einverstanden und wollte den ersten guten Rat wissen. Der Vogel sagte:

"Wenn du etwas verlierst, selbst wenn du es so sehr schätzt wie das Leben selber, - beklage es nicht."

Nun gab der Mann den Vogel frei und er hüpfte auf einen Zweig. Und dann gab er den zweiten guten Rat:

"Glaube nie etwas, was der Vernunft widerspricht, ohne es zu prüfen."

Dann flog der Vogel auf den Gipfel des Berges. Von hier aus sagte er:

"Oh Unglücklicher! In mir befinden sich zwei riesige Juwelen, und du hättest mich nur töten müssen, um in ihren Besitz zu gelangen."

Der Mann ärgerte sich fürchterlich um das, was er verloren hatte, aber er sagte:

"Gib mir nun wenigstens den dritten guten Rat."

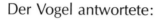

Der Vogel antwortete:

„Was für ein Narr du bist, mich nach noch mehr guten Ratschlägen zu fragen, nachdem du die beiden ersten nicht befolgt hast! Ich sagte dir, du solltest dir keinen Kummer um das machen, was verloren ist, und nichts glauben, was der Vernunft widerspricht.

Nun tust du aber beides. Du glaubst etwas Lächerliches und grämst dich, weil du etwas verloren hast! Ich bin nicht so groß, daß sich riesige Juwelen in mir befinden könnten.

Wenn du schon nicht die beiden ersten Ratschläge befolgst, warum soll ich dir dann noch einen dritten geben?"

Sufi

Die Botschaft:

_____

_____

_____

Tragen Sie bitte hier ein, was Sie aus dieser Story für sich erkannt haben.

Der König und der Traumdeuter

Es war einmal ein König, der träumte, er werde bald alle Zähne verlieren.

Voll Sorge befahl er einen Traumdeuter herbei.

„Oh mein König," sagte dieser, „ich muß dir eine sehr traurige Mitteilung machen: alle deine Angehörigen werden sterben, einer nach dem anderen".

Da wurde der König zornig und ließ den Mann in den Kerker werfen.

Schließlich befahl er einen anderen Traumdeuter herbei. Der hörte sich den Traum an und sagte lächelnd:

„Ich bin glücklich, großer König, dir eine freudige Mitteilung machen zu können: Du wirst älter werden als alle deine Angehörigen. Du wirst sie alle überleben!"

Da war der König hocherfreut und belohnte ihn reichlich.

Die Botschaft:

_____

_____

_____

Tragen Sie bitte hier ein, was Sie aus dieser Story für sich erkannt haben.

Keine Zeit

Es war einmal war ein Mann, der hatte es stets eilig. Morgens lief er aus dem Haus und sprang in die Straßenbahn. Aber die Straßenbahn fuhr ihm viel zu langsam.

An der nächsten Haltestelle sprang der Mann wieder auf die Straße und rannte vor der Straßenbahn her.

An der Kreuzung war gerade die Ampel rot, aber der Mann hatte gar keine Zeit, irgend etwas zu merken. Er rannte weiter.

Die Autos hupten, die Leute schrien. Aber das hat der Mann nicht mehr gehört. Er war schon an der nächsten Straßenkurve, und vor Eile lief er einfach geradeaus weiter, mitten durch ein Haus! Eine Familie wollte gerade frühstücken, und der Mann sprang über den Tisch und warf die Tassen und Teller hinunter, und schon war er wieder zum Fenster hinaus. Er hatte auch gar keine Zeit: „Entschuldigen Sie bitte!" zu sagen.

Jetzt war er in einem Hof, der ringsum hohe Mauern hatte. Der Mann übersah vor Eile das Tor und rannte mit dem Kopf gegen die Mauer. Aber er hatte ja keine Zeit, über irgend etwas nachzudenken, darum drehte er sich einfach nur um und eilte wieder zurück: durch das Haus, über die Kreuzung und die Straße entlang, bis er auf einmal wieder zu Hause war.

Da wunderte er sich!

Die Botschaft:

_____

_____

_____

Tragen Sie bitte hier ein, was Sie aus dieser Story für sich erkannt haben.

Umgang mit der Zeit

Der Papalagi ist immer unzufrieden mit seiner Zeit, und er klagt den großen Geist dafür an, daß er nicht mehr gegeben hat. Ja, er lästert Gott und seine große Weisheit, indem er jeden Tag nach einem ganz gewissen Plan teilt und zerteilt. Er zerschneidet ihn gerade so, als führe man kreuzweise mit einem Buschmesser durch eine weiche Kokosnuß.

Alle Teile haben ihren Namen: Sekunde, Minute, Stunde.

Die Sekunde ist kleiner als die Minute, diese kleiner als die Stunde, und man muß sechzig Minuten und noch viel mehr Sekunden haben, ehe man soviel hat wie eine Stunde...

Es gibt in Europa nur wenige Menschen, die wirklich Zeit haben. Vielleicht gar keine. Daher rennen auch die meisten durchs Leben wie ein geworfener Stein.

Fast alle sehen im Gehen zu Boden und schleudern die Arme weit von sich, um möglichst schnell voranzukommen.

Wenn man sie anhält, rufen sie unwillig: *„Was mußt du mich stören; ich habe keine Zeit, sieh zu, daß du die deine ausnützt".*

Sie tun gerade so, als ob ein Mensch, der schnell geht, mehr wert sei und tapferer als der, welcher langsam geht.

Ich glaube, die Zeit entschlüpft ihm wie eine Schlange in nasser Hand, gerade weil er sie zu sehr festhält.

Er läßt sie nicht zu sich kommen.

Er jagt immer mit ausgestreckten Händen hinter ihr her, er gönnt ihr die Ruhe nicht, sich in der Sonne zu lagern. Sie soll immer ganz nahe sein, soll etwas singen und sagen.

Die Zeit ist aber still und friedfertig und liebt die Ruhe und das breite Lagern auf der Matte.

Der Papalagi hat die Zeit nicht erkannt, er versteht sie nicht, und darum mißhandelt er sie

Auszug aus der Rede des Südseehäuptlings Tuiavii aus Tiavea über das Leben der Papalagi (Europäer)

Die Botschaft:

_____

_____

_____

Tragen Sie bitte hier ein, was Sie aus dieser Story für sich erkannt haben.

Die Schwierigkeit, es allen recht zu machen

Ein Vater zog mit seinem Sohn und einem Esel in der Mittagsglut durch die staubigen Gassen von Keshan. Der Vater saß auf dem Esel, den der Junge führte.

„Der arme Junge", sagte da ein Vorübergehender. *„Wie kann man so faul auf dem Esel herumsitzen, wenn man sieht, daß das kleine Kind sich müde läuft?"*

Der Vater nahm sich dies zu Herzen, stieg hinter der nächsten Ecke ab und ließ den Jungen aufsitzen. Gar nicht lange dauerte es, da erhob sich schon wieder eine Stimme:

„So eine Unverschämtheit. Sitzt der kleine Bengel wie ein Sultan auf dem Esel, während sein alter Vater nebenherläuft."

Dies schmerzte den Jungen und er bat den Vater, sich hinter ihn auf den Esel zu setzen. *„Hat man so etwas schon gesehen?"* keifte eine schleierverhangene Frau, *„solche Tierquälerei! Dem armen Esel hängt der Rücken durch, und die zwei ruhen sich auf ihm aus, als wäre er ein Diwan."*

Die Gescholtenen schauten sich an und stiegen beide, vom Esel. Doch kaum waren sie wenige Schritte neben dem Tier hergegangen, machte sich ein Fremder über sie lustig:

„So dumm möchte ich nicht sein. Wozu führt ihr denn den Esel spazieren, wenn er nichts leistet, euch keinen Nutzen bringt und noch nicht einmal einen von euch trägt?"
Daraufhin...

Die Botschaft:

Tragen Sie bitte hier ein, was Sie aus dieser Story für sich erkannt haben.

Das Seepferdchen auf der Suche nach dem Glück

Es war einmal ein Seepferdchen, das eines Tages seine sieben Taler nahm und in die Ferne galoppierte, sein Glück zu suchen. Es war noch gar nicht weit gekommen, da traf es einen Aal, der zu ihm sagte:

„Psst. Hallo, Kumpel. Wo willst du hin?"

„Ich bin unterwegs, mein Glück zu suchen", antwortete das Seepferdchen stolz.

„Da hast du's ja gut getroffen", sagte der Aal, „für vier Taler kannst du diese schnelle Flosse haben, damit kannst du viel schneller vorwärts kommen."

„Ei, das ist ja prima", sagte das Seepferdchen, bezahlte, zog die Flosse an und glitt mit doppelter Geschwindigkeit von dannen.

Bald kam es zu einem Schwamm, der es ansprach: *„Hallo, wo willst du hin?"*

„Ich bin unterwegs, mein Glück zu suchen", antwortete das Seepferdchen.

„Prima", sagte der Schwamm, „für ein kleines Trinkgeld überlasse ich dir dieses Boot mit Düsenantrieb; damit könntest du viel schneller reisen."

Da kaufte das Seepferdchen das Boot mit seinem letzten Geld und sauste mit fünffacher Geschwindigkeit durch das Meer. Bald traf es einen Haifisch, der zu ihm sagte: *„Psst. Hallo, wo willst du hin?"*

„Ich bin unterwegs, mein Glück zu suchen", antwortete ihm stolz das Seepferdchen. „Das hast du ja gut getroffen; wenn du diese kleine Abkürzung machen willst", sagte der Haifisch und zeigte auf seinen geöffneten Rachen, *„sparst du eine Menge Zeit."*

„Ei, vielen Dank", sagte das Seepferdchen und sauste in das Innerste des Haifisches, um verschlungen zu werden.

Die Botschaft:

_____

_____

_____

Tragen Sie bitte hier ein, was Sie aus dieser Story für sich erkannt haben.

Die Tischrede

Im alten Rom wurde ein Mann dazu verurteilt, in einem Amphitheater von einem Löwen zerrissen zu werden.

Die Menge wartete erregt auf das blutige Schauspiel. Auch der Kaiser hatte in seiner Loge Platz genommen.

Die Fallgitter wurden hochgezogen und mit Gefauche und gefährlich knurrend stürzte der Löwe auf den Mann zu.

Doch was tat der?

Er beugte sich zum Löwen herunter und flüsterte ihm etwas ins Ohr.

Und dann geschah etwas, was alle den Atem anhielten ließ: der Löwe kniff den Schwanz ein und kroch ängstlich zur Seite.

Die Arena tobte vor Begeisterung ob dieses Wunders. Auch der Kaiser war sehr beeindruckt, winkte den Mann zu sich und sprach zu ihm: *„Ich begnadige dich, wenn du mir verrätst, was du dem Löwen gesagt hast."*

„Ich habe ihm gesagt", erwiderte der Mann, „wenn du mich frißt, dann mußt du eine Tischrede halten."

Die Botschaft:

_____

_____

_____

Tragen Sie bitte hier ein, was Sie aus dieser Story für sich erkannt haben.

Die zwei Freunde und der Bär

Zwei Freunde gingen gemeinsam durch den Wald. Als ihnen ein Bär begegnete, stieg der eine rasch auf einen Baum und versteckte sich. Der andere, der keine Möglichkeit mehr sah, zu entkommen oder dem Tier zu widerstehen, legte sich auf die Erde und stellte sich tot.

Der Bär beschnüffelte ihn, und, da seine Gattung keinen Leichnam anrührt, ging er fort.

Der Kletterer kam vom Baum herunter und fragte den Freund: *„Was hat dir denn der Bär ins Ohr geflüstert?"*

Der Gefragte antwortete: *„Er sagte mir, ich solle mich von Freunden trennen, die in Gefahren davon laufen."*

nach Babrios

Die Botschaft:

_____

_____

_____

Tragen Sie bitte hier ein, was Sie aus dieser Story für sich erkannt haben.

Die vier archimedischen Punkte

Archimedes suchte, für die physikalische Welt, den einen festen Punkt, von dem aus er sich's zutraute, sie aus den Angeln zu heben. In jedem von uns gibt es mehr als einen archimedischen Punkt. Vier davon möchte ich aufzählen.

Punkt 1: Jeder Mensch höre auf sein Gewissen! Das ist möglich. Denn er besitzt eines. Diese Uhr kann man weder aus Versehen verlieren noch mutwillig zertrampeln. Diese Uhr mag leiser oder lauter ticken - sie geht stets richtig. Nur wir gehen manchmal verkehrt.

Punkt 2: Jeder Mensch suche sich Vorbilder! Das ist möglich. Denn es existieren welche. Und es ist unwichtig, ob es sich dabei um einen großen toten Dichter, um Mahatma Gandhi oder um Onkel Fritz aus Braunschweig handelt, wenn es nur ein Mensch ist, der im gegebenen Augenblick ohne Wimperzucken das gesagt und getan hätte, wovor wir zögern. Das Vorbild ist ein Kompaß, der sich nicht irrt und uns Weg und Ziel weist.

Punkt 3: Jeder Mensch gedenke immer seiner Kindheit! Das ist möglich. Denn er hat ein Gedächtnis. Die Kindheit ist das stille, reine Licht, das aus der eigenen Vergangenheit tröstlich in die Gegenwart und Zukunft hinüberleuchtet. Sich der Kindheit wahrhaft erinnern, das heißt: plötzlich und ohne langes Überlegen wieder wissen, was echt und falsch, was gut und böse ist. Die meisten vergessen ihre Kindheit wie einen Schirm und lassen sie irgendwo in der Vergangenheit stehen. Und doch können nicht vierzig, nicht fünfzig spätere Jahre des Lernens und Erfahrens den seelischen Feingehalt des ersten Jahrzehnts aufwiegen. Die Kindheit ist unser Leuchtturm.

Punkt 4: Jeder Mensch erwerbe sich Humor! Das ist nicht unmöglich. Denn immer und überall ist es einigen gelungen. Der Humor rückt den Augenblick an die richtige Stelle. Er lehrt uns die wahre Größenordnung und die gültige Perspektive. Er macht die Erde zu einem kleinen Stern, die Weltgeschichte zu einem Atemzug und uns selber bescheiden. Das ist viel. Bevor man das Erb- und Erzübel, die Eitelkeit, nicht totgelacht hat, kann man nicht beginnen, das zu werden, was man ist: ein Mensch.

Erich Kästner

Die Botschaft:

_____

_____

_____

Tragen Sie bitte hier ein, was Sie aus diesen Prinzipien für sich erkannt haben.

Das Gelübde

Es war einmal ein Mann, der große Sorgen hatte. Er gelobte daher, wenn seine Probleme sich lösten, werde er sein Haus verkaufen und den ganzen Erlös den Armen geben.

Es kam die Zeit, da er sein Gelübde erfüllen mußte. Aber er wollte so viel Geld nicht wegschenken und suchte daher einen Ausweg.

Er bot das Haus für ein Silberstück zum Kaufe an. Zum Hause aber gehörte eine Katze. Der Preis, den er für dieses Tier forderte, betrug zehntausend Silberstücke.

Jemand kaufte das Haus und die Katze dazu. Der Verkäufer gab das eine einzige Silberstück den Armen, die zehntausend sackte er für sich selber ein.

Die Botschaft:

_____

_____

_____

Tragen Sie bitte hier ein, was Sie aus dieser Story für sich erkannt haben.

Der Dombauer

An einer großen Baustelle kam einmal ein Spaziergänger vorbei und fragte drei Arbeiter:

"Was macht ihr hier?"

Der erste gab zur Antwort:

"Ich klopfe Steine."

"Ich verdiene hier mein Geld", antwortete der zweite.

Und der dritte? Der überlegte kurz und bekannte voller Stolz in der Stimme:

"Ich helfe mit, an einem Dom zu bauen."

Die Botschaft:

_____

_____

_____

Tragen Sie bitte hier ein, was Sie aus dieser Story für sich erkannt haben.

Der arme Fischer

Ein Fischer lag, vom morgendlichen Fischfang zurückgekehrt, faul und schläfrig im Schatten seines Bootes am Meeresstrand. Er genoß die Siesta, denn heute waren ihm viele Fische ins Netz gegangen.

Da kam ein Tourist vorbei.

„Hör mal", sprach er den Fischer an, „kannst du dir das denn leisten, so faul hier im Schatten zu liegen. Warum gehst du nicht Fische fangen?"

„Ich war heute schon fleißig, hatte einen guten Fang."

„Dann fahre doch noch einmal hinaus!"

„Warum?"

„Um noch mehr Fische zu fangen."

„Warum?"

„Um mehr Geld zu verdienen."

„Was soll ich damit?"

„Investieren. Du könntest dir mehr Boote kaufen, könntest Leute einstellen, eine Konservenfabrik bauen..."

„Warum?"

Den Touristen, Unternehmer von Beruf, begann das 'warum' zu nerven.

„Kapierst du denn nicht? Wenn deine Konservenfabrik gut läuft, besitzt du so viel Geld, daß du fähige Führungskräfte einstellen kannst, z.B. einen Betriebsleiter. Du läßt dein Geld für dich arbeiten. Danach kannst du dich in den Schatten legen und dein Leben genießen."

"Wozu die ganze Anstrengungen", antwortete der Fischer und drehte sich schläfrig auf die Seite, *"was du mir als so verlockendes Ziel beschreibst, habe ich das nicht schon erreicht?"*

Frei nach Heinrich Böll

Die Botschaft:

_____

_____

_____

Tragen Sie bitte hier ein, was Sie aus dieser Story für sich erkannt haben.

Die Mutprobe

Ein König wollte an seinem Hof einen wichtigen Posten neu besetzen. Deshalb versammelte er alle Kanditaten - sämtlich weise Männer - um sich, führte sie zu einem riesengroßen Türschloß und sprach:

„Hier seht ihr das größte und schwerste Schloß, das es in meinem Reich je gab. Es ist verschlossen. Wer es von euch ohne Schlüssel öffnen kann, bekommt den Posten."

Ein Teil der Kanditaten schüttelte von vorneherein resignierend den Kopf.

Andere schaute sich das Schloß näher an, gaben aber schnell auf. *„Unmöglich"*, sagten sie.

Nur ein Wesir ließ sich nicht entmutigen. Er ging an das Schloß heran, untersuchte es, spielte daran herum, zog da, drückte dort und siehe da: plötzlich - ganz leicht - öffnete sich das Tor.

Es war nur angelehnt gewesen.

Der König sprach: *„Du erhältst die Stelle. Du verläßt dich nämlich nicht nur darauf, was du siehst und hörst, sondern du wagst etwas, ergreifst Initiative und handelst."*

Die Botschaft:

_____

_____

_____

Tragen Sie bitte hier ein, was Sie aus dieser Story für sich erkannt haben.

Eine mutige Antwort

Ludwig IX., der Begründer des Absolutismus, rief eines Tages seine Räte zusammen.

Er beschwerte sich bitterlich, daß sie ihm nicht mehr den nötigen Gehorsam entgegenbrächten.

„Ab heute, meine Herren", befahl er zum Schluß in barschem Ton, *„erwarte ich wieder unabdingbaren Gehorsam von Ihnen. Das bedeutet: Sie haben ins Wasser zu springen, wenn ich es von Ihnen verlange."*

Daraufhin erhob sich einer seiner jüngeren Räte vom Platz und ging zur Tür.

„Wohin geht er?" schrie ihm Ludwig IX. erbost nach.

„Ich gehe Schwimmen lernen, Majestät."

Die Botschaft:

_____

_____

_____

Tragen Sie bitte hier ein, was Sie aus dieser Story für sich erkannt haben.

Übung macht den Meister

Der junge Demosthenes sprach zu den Athenern. Sein Ziel war, politische Karriere zu machen. Und da hatte er früh erkannt: Man muß reden können. Also trat er am Fuße der Akropolis vor das Volk von Athen und erhob seine Stimme. Er wollte es besonders gut machen. Was aber geschah?

„Du mußt lauter reden, Demosthenes!" hörte er aus den letzten Reihen rufen. Er nahm sich den Rat zu Herzen, steigerte die Lautstärke. Dabei merkte er aber sehr schnell, daß ihm die Luft knapp wurde. Sein Atem kam stoßweise.

„Hör auf, Demosthenes, du kriegst ja einen Schlaganfall!" schallte es ihm entgegen. Seine Nervosität wuchs. Er verhaspelte sich. Verschluckte Silben. Sprach schneller.

„Kannst du nicht deutlicher reden?" meldeten die Zwischenrufer sich erneut zu Wort. Das war zu viel für ihn. Urplötzlich fiel er in eine alte Angewohnheit zurück: Er fing an, nervös mit den Schultern zu zucken. Da war es aus. Die Zuhörer fingen an zu lachen. Keiner hörte ihm mehr zu. Demosthenes brach ab. Eine Riesenblamage.

Auf dem Nachhauseweg schwor er sich, nie mehr zu reden. Damit aber wäre er politisch tot gewesen. Deshalb beschloß er zu üben. Und wie er übte!

Er ging an den Strand und brüllte, so laut er konnte, wochenlang gegen die tosende Brandung. So zwang er sich zum lauten Sprechen.

Als er merkte, daß ihm die Luft knapp wurde, legte er sich in den Sand und beschwerte seine Brust mit Felsbrocken. So trainierte er die Zwerchfellatmung.

Um sich zu einem artikulierten Sprechen zu zwingen, nahm er Kieselsteine in den Mund und trainierte unter diesen erschwerten Bedingungen die deutliche Aussprache.

Besonders aber ärgerte ihn dieses nervöse Schulterzucken. Was tat er? Er ging heim in seine Hütte. Dort befestigte er ein Schwert an der Zimmerdecke und stellte sich darunter. Mit seiner Spitze endigte es genau über seiner Schulter. Jedesmal, wenn er jetzt zuckte, gab es ihm einen schmerzhaften Stich.

Auf diese Weise wurde er zum berühmtesten Redner des Abendlandes.

Die Botschaft:

_____

_____

_____

Tragen Sie bitte hier ein, was Sie aus dieser Story für sich erkannt haben.

Der Dialekt

Großvater ist ein richtiger Schwarzwälder Tüftler. Er sitzt an der Werkbank, probiert dies, versucht jenes. Sein Enkel schaut ihm zu und fragt: *„Is des e Schruuv?"*

Großvater aber legt Wert darauf, daß das Buale Hochdeutsch spricht, zumal jetzt so viele Kurgäste ins Dorf kommen. Er berichtigt also:

„Hä nai, so derfst nit schwätze! Du mueßt sage: Das ist aine Schroube. Sag's au!"

„Das ist aine Schroube."

Großvater ist zufrieden. Nach einer Weile fragt der Kleine wieder:

„Ähni, is des e Schriiveli?"

Großvater verbessert ihn:

„Hä nai! Das ist aine klaine Schroube. Sag's au!"

Der Enkel wiederholt. Dann aber fragt er:

„Aber gelt, Ähni, wenn die Kurgäst nimme bi uns sind, d'rno därf i widder Schruuv und Schriiveli sage!"

Die Botschaft:

_____

_____

_____

Tragen Sie bitte hier ein, was Sie aus dieser Story für sich erkannt haben.

Werten

Am Strand des Meeres wohnten drei alte Mönche. Sie waren so weise und fromm, daß jeden Tag ein kleines Wunder für sie geschah. Wenn sie nämlich morgens ihre Andacht verrichtet hatten und zum Bade gingen, hängten sie ihre Mäntel in den Wind. Und die Mäntel blieben im Wind schweben, bis die Mönche wiederkamen, um sie zu holen.

Eines Tages, als sie sich wieder in den Wellen erfrischten, sahen sie einen großen Seeadler übers Meer fliegen. Plötzlich stieß er auf das Wasser herunter, und als er sich wieder erhob, hielt er einen zappelnden Fisch im Schnabel.

Der eine Mönch sagte: *„Böser Vogel!"* Da fiel sein Mantel aus dem Wind zur Erde nieder, wo er liegenblieb.

Der zweite Mönch sagte: *„Du armer Fisch!"* - Und auch sein Mantel löste sich und fiel auf die Erde. Der dritte Mönch sah dem enteilenden Vogel nach, der den Fisch im Schnabel trug. Er sah ihn kleiner und kleiner werden und endlich im Morgenlicht verschwinden. Der Mönch schwieg - sein Mantel blieb im Winde hängen.

Zen-Parabel

Die Botschaft:

_____

_____

_____

Tragen Sie bitte hier ein, was Sie aus dieser Story für sich erkannt haben.

149

An sich glauben

Ein besonders frommer Derwisch geht tief in Gedanken versunken an einem Flußufer entlang. Plötzlich wird er aufgeschreckt durch den laut hinausgeschrienen Derwischruf:

„U YA HU".

Der Derwisch hört genau hin und sagt zu sich:

„Das ist vollkommener Blödsinn, denn der Rufer spricht die Silben ganz falsch aus. Richtig muß es heißen 'YA HU'."

Er weiß, daß er als wissender Schüler die Pflicht hat, diesen unglücklichen Schüler eines Besseren zu belehren. Deshalb mietet er sich ein Boot und rudert zu der im Fluß liegenden Insel, von der die Schreie kommen. Dort findet er einen Mann in einem Derwischgewand in einer Hütte, der sich zu dem Schrei rhythmisch bewegt.

„Mein Freund", sagt der Derwisch, *„du sprichst das falsch aus. Es ist meine Pflicht, dich darauf hinzuweisen. Du mußt das so aussprechen."* Und er macht es ihm vor.

„Danke", sagt der andere demütig, und der erste Derwisch steigt wieder in sein Boot. Er ist zufrieden mit sich, weil er wieder eine gute Tat vollbracht hat. Denn es wird gesagt, daß derjenige, der die richtige Formel benutzt, sogar über Wasser gehen kann.

Kaum ist er am Ufer, tönt es wieder aus der Hütte:

„U YA HU".

Während der besonders fromme Derwisch über die Halsstarrigkeit der menschlichen Natur zu meditieren beginnt, sieht er plötzlich eine merkwürdige Erscheinung. Von der Insel her kommt der andere Mann auf ihn zu - und der geht auf der Wasseroberfläche!

Starr vor Staunen läßt der Fromme den anderen an sein Ruderboot herantreten und hört ihn sagen:

„Bruder, entschuldige, wenn ich dich noch einmal belästige, aber ich bin zu dir gekommen, um dich zu bitten, mir noch einmal die richtige Formel des Ausrufs zu nennen, denn ich kann ihn nur so schwer behalten."

Die Botschaft:

_____

_____

_____

Tragen Sie bitte hier ein, was Sie aus dieser Story für sich erkannt haben.

Just do it!

Der bekannte Schallplattenstar Les Paul trifft als Kind einmal eine Gruppe Arbeiter.

Bewundernd schaut er einem ergrauten Arbeiter zu, der in der Mittagspause auf einer alten Mundharmonika spielt. Der kleine Les denkt:

„Wenn ich bloß auch solche Musik machen könnte."

Plötzlich reicht ihm der Arbeiter das Instrument und sagt:

„Na los, Junge, versuch's mal."

Les antwortet: „Ich kann nicht spielen."

„Da gibt ihm der alte Arbeiter den besten Rat, den er je bekommen hat:

„Sag nie, du kannst etwas nicht, bevor du nicht bewiesen hast, daß du es nicht kannst."

Die Botschaft:

_____

_____

_____

Tragen Sie bitte hier ein, was Sie aus dieser Story für sich erkannt haben.

Falsches Vorbild

Ein frommer Mann war im Wald unterwegs, da traf er auf einen Fuchs, der seine Beine verloren hatte. Er wunderte sich, wie das Tier wohl überleben konnte.

Das Rätsel löste sich schnell, denn er sah einen Tiger mit einem gerissenen Wild. Der Tiger hatte sich satt gefressen und überließ dem Fuchs den Rest. *„Gott, wie groß bist du in deiner Güte!"*, schickte der fromme Mann ein Gebet zum Himmel.

Am nächsten Tag beobachtete der Mann das gleiche wieder. Er war erstaunt über Gottes große Güte und sagte zu sich: *„Auch ich werde mich in einer Ecke ausruhen und dem Herrn voll vertrauen, und er wird mich mit allem Nötigen versorgen."*

Viele Tage brachte er so zu, aber nichts geschah, und der arme Kerl war dem Tode nahe, als er eine Stimme hörte:

„Du da, auf dem falschen Weg, öffne die Augen vor der Wahrheit! Folge dem Beispiel des Tigers, und nimm dir nicht länger den behinderten Fuchs zum Vorbild."

Die Botschaft:

_____

_____

_____

Tragen Sie bitte hier ein, was Sie aus dieser Story für sich erkannt haben.

Das Talent

Der Vater spürt, daß er nur noch wenige Jahre zu leben hat. Deshalb ist es sein größter Wunsch, seine drei Söhne gut versorgt zu wissen, bevor er sich für immer von dieser Welt verabschiedet.

So ruft er die drei eines Tages zu sich und sagt: *„Ihr wißt, ich besitze nicht viel. Aber ich gebe jedem von euch Talent mit. Und zwar jedem das gleiche."*

Mit diesen Worten schickt er seine Söhne hinaus ins Leben, damit sie aus ihrem Talent das Beste machen. Er bittet sie nur darum, möglichst vor seinem Tod zurückzukehren, damit er sehen könne, wie sie ihr Leben gestaltet haben.

Die Zeit vergeht, und der Vater spürt, daß er wohl nun bald der Welt Lebewohl sagen muß. Und wie er es sich erbeten hatte, kehren die Söhne einer nach dem anderen zurück.

Der älteste Sohn tritt blaß und verhärmt vor seinen Vater. Und auf dessen Frage, *„Was hast du denn aus deinem Talent gemacht?"* erhält er zur Antwort: *„Ich lebte in großer Angst, daß es mir geraubt wird. Und so habe ich es versteckt, damit es niemand erkennen kann. Das, was ich zum Leben brauchte, habe ich mir erbettelt".*

Als der zweite Sohn nach Hause kommt, fragt der Vater auch ihn, was er aus seinem Talent gemacht habe. Und der Sohn, dessen Kleidung man noch die Pracht vergangener Tage ansieht, sagt: *„Oh, ich habe ein wunderbares Leben geführt. Ich habe alles, was ich hatte, mit vollen Händen ausgegeben. Leider ist mir nichts mehr davon übriggeblieben."*

Traurig über seine beiden Söhne, wartet der Vater nun ungeduldig auf den Jüngsten. Bald darauf fährt eine herrliche Karosse vor das Haus, gezogen von vier prächtigen Rappen. Der Alte glaubt, seinen Augen nicht zu trauen, als er in dem jungen Mann, der aus der Kutsche steigt, seinen dritten Sohn erkennt. Dieser eilt auf seinen Vater zu, umarmt ihn liebevoll und sagt: *„Lieber Vater, ich bin dir von Herzen dankbar. Was du mir mit auf den Weg gegeben hast, ist kostbarer als all der Besitz den ich dadurch gewinnen konnte."*

Die Botschaft:

_____

_____

_____

Tragen Sie bitte hier ein, was Sie aus dieser Story für sich erkannt haben.

Auf den Start kommt es an

Auf dem Berliner Bahnhof rannte einmal ein fescher Jungmanager hinter einem Zug her und verpaßte ihn.

"Pech gehabt," wandte er sich noch ganz außer Atem an einen älteren Einheimischen, *"ich hätte schneller laufen sollen."*

Der Alte aber sagte lakonisch: *"Sie müssen nicht schneller laufen, Sie müssen nur lernen, schneller zu starten."*

Die Botschaft:

_____

_____

_____

Tragen Sie bitte hier ein, was Sie aus dieser Story für sich erkannt haben.

Keiner blickt dir hinter das Gesicht

(Fassung für Kleinmütige)

Niemand weiß, wie reich du bist...
Freilich meine ich keine Wertpapiere,
keine Villen, Autos und Klaviere,
und was sonst sehr teuer ist,
wenn ich hier vom Reichtum referiere.
Nicht den Reichtum, den man sieht
und versteuert, will ich jetzt empfehlen.
Es gibt Werte, die kann keiner zählen,
selbst, wenn er die Wurzel zieht.
Und kein Dieb kann diesen Reichtum stehlen.
Die Geduld ist so ein Schatz,
oder der Humor, und auch die Güte,
und das ganze übrige Gemüte.
Denn im Herzen ist viel Platz.
Und es ist wie eine Wundertüte.
Arm ist nur, wer ganz vergißt,
welchen Reichtum das Gefühl verspricht.
Keiner blickt dir hinter das Gesicht.
Keiner weiß, wie reich du bist.
(Und du weißt es manchmal selber nicht.)

Erich Kästner

Die Botschaft:

_____

_____

_____

Tragen Sie bitte hier ein, was Sie aus diesem Gedicht für sich erkannt haben.

Der ideale Chef

Er ist unendlich gut,
gerät niemals in Wut,
ist nie ungerecht
und spricht nie schlecht.
Er ist nie erstaunt
oder schlecht gelaunt,
aber immer dein Freund,
der's nur gut mit dir meint!
Er lobet dich täglich
schier gar unsäglich,
er hat immer Geduld,
er sagt nie, du sei'st schuld,
und am Freitag um zwei
gibt er dir frei und sagt,
du kannst geh'n
bis am Montag um zehn.
Tja - diesen Chef hätt' jeder gern.
Nur müßt' der erst geboren wer'n!

Helmut Seitz

Die Botschaft:

_____

_____

_____

Tragen Sie bitte hier ein, was Sie aus diesem Gedicht für sich erkannt haben.

Kleine Epistel

Wie war die Welt noch imposant,
als ich ein kleiner Junge war!
Da reichte einem das Gras bis zur Nase,
falls man im Grase stand!

Geschätzte Leser - das waren noch Gräser!
Die Stühle war'n höher, die Straßen breiter,
der Donner war lauter, der Himmel weiter,
die Bäume war'n größer, die Lehrer gescheiter!

Und noch ein Pfund Butter, liebe Leute,
war drei - bis viermal schwerer als heute!
Kein Mensch wird's bestreiten -
das waren noch Zeiten!

Wie dem auch sei, vorbei ist vorbei.
Nichts blieb beim alten.
Man wuchs ein bißchen.
Nichts ließ sich halten.

Der Strom ward zum Flüßchen,
der Riese zum Zwerg,
zum Hügel der Berg.

Die Tische und Stühle,
die Straßen und Räume,
das Gras und die Bäume,
die großen Gefühle,
die Lehrer, die Träume,
dein Wille und meiner,
der Mond und das übrige Sternengewölbe -
alles ward kleiner,
nichts blieb dasselbe.

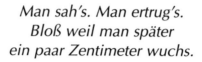

*Man sah's. Man ertrug's.
Bloß weil man später
ein paar Zentimeter wuchs.*

Erich Kästner

Die Botschaft:

_____

_____

_____

Tragen Sie bitte hier ein, was Sie aus diesem Gedicht für sich erkannt haben.

Zeit, um glücklich zu sein

*Guten Tag, mein Lieber,
nimm dir Zeit, um glücklich zu sein!
Du bist ein Wunder, das lebt,
das auf dieser Erde wirklich ist.
Du bist einmalig, einzigartig,
nicht zu verwechseln.*

*Weißt du das?
Warum staunst du nicht,
bewunderst du nicht,
freust du dich nicht
über dich selbst
und über alle anderen um dich?*

*Ist es dir so selbstverständlich,
findest du nichts dabei,
daß du lebst,
daß du leben darfst,
daß du Zeit bekommst,
um zu singen und zu tanzen,
Zeit, um glücklich zu sein?*

*Warum denn Zeit verlieren
mit sinnlosem Jagen nach Geld?
Warum sich haufenweise Sorgen machen
um Dinge von morgen und übermorgen?
Warum sich zanken, sich anöden,
warum in sinnloser Betriebsamkeit wach
und warum schlafen, wenn die Sonne scheint?*

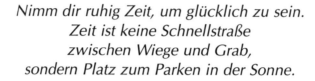

*Nimm dir ruhig Zeit, um glücklich zu sein.
Zeit ist keine Schnellstraße
zwischen Wiege und Grab,
sondern Platz zum Parken in der Sonne.*

Phil Bosmans

Die Botschaft:

_____

_____

_____

Tragen Sie bitte hier ein, was Sie aus diesem Gedicht für sich erkannt haben.

Sieg

*Wie oft schon hörte ich dich sagen,
Du würdest große Dinge wagen.
Wann, glaubst du, kommt der große Tag,
Da endet alle Müh und Plag,
Da du zu großen Taten schreitest
Und da du selbst dein Schicksal leitest?*

*Und wieder ging ein Jahr vorbei,
Doch nie warst du, mein Freund, dabei,
Wenn's galt, nun endlich zuzugreifen,
Damit auch deine Früchte reifen!*

*Woran es liegt? Erklär es nur!
Du hattest Pech? Ach, keine Spur!
Wie immer, einzig und allein
Lag's nur an dir, an dir allein.*

*Schau nur auf deine Hände bloß -
Sie liegen schlaff in deinem Schoß,
Statt endlich, endlich doch zu handeln
Und alles in dir umzuwandeln!*

Herbert Kauffmann

Aus dem Amerikanischen frei übersetzt von Ernst Steiger

Die Botschaft:

_____

_____

_____

Tragen Sie bitte hier ein, was Sie aus diesem Gedicht für sich erkannt haben.

Stufen

Wie jede Blüte welkt und jede Jugend
dem Alter weicht, blüht jede Lebensstufe,
blüht jede Weisheit auch und jede Tugend
zu ihrer Zeit und darf nicht ewig dauern.
Es muß das Herz bei jedem Lebensrufe
bereit zum Abschied sein und Neubeginne,
um sich in Tapferkeit und ohne Trauern
in andre, neue Bindungen zu geben.
Und jedem Anfang wohnt ein Zauber inne,
der uns beschützt und der uns hilft zu leben.
Wir sollen heiter Raum um Raum durchschreiten,
an keinem wie an einer Heimat hängen,
der Weltgeist will nicht fesseln uns und engen,
er will uns Stuf' um Stufe heben, weiten.
Kaum sind wir heimisch einem Lebenskreise
und traulich eingewohnt, so droht Erschlaffen,
nur wer bereit zu Aufbruch ist und Reise,
mag lähmender Gewöhnung sich entraffen.
Es wird vielleicht auch noch die Todesstunde
uns neuen Räumen jung entgegensenden,
des Lebens Ruf an uns wird niemals enden...
Wohlan denn, Herz,
nimm Abschied und gesunde!

Hermann Hesse

Die Botschaft:

_____

_____

_____

Tragen Sie bitte hier ein, was Sie aus diesem Gedicht für sich erkannt haben.

Nimm dir Zeit

*Nimm dir Zeit, um zu arbeiten,
es ist der Preis des Erfolges.
Nimm dir Zeit, um nachzudenken,
es ist die Quelle der Kraft.*

*Nimm dir Zeit, um zu spielen,
es ist das Geheimnis der Jugend
Nimm dir Zeit, um zu lesen,
es ist die Grundlage des Wissens.*

*Nimm dir Zeit, um freundlich zu sein,
es ist das Tor zum Glücklichsein.
Nimm dir Zeit, um zu träumen,
es ist der Weg zu den Sternen.*

*Nimm dir Zeit, um zu lieben,
es ist die wahre Lebensfreude.
Nimm dir Zeit, um froh zu sein,
es ist die Musik der Seele.*

Irländisches Gedicht

Die Botschaft:

_____

_____

_____

Tragen Sie bitte hier ein, was Sie aus diesem Gedicht für sich erkannt haben.

Ich wünsche dir Zeit

Ich wünsche dir nicht alle möglichen Gaben.
Ich wünsche dir nur, was die meisten nicht haben:
Ich wünsche dir Zeit, dich zu freu'n und zu lachen,
Und wenn du sie nützt, kannst du daraus etwas machen.

Ich wünsche dir Zeit für dein Tun und dein Denken,
Nicht nur für dich selbst, sondern auch zum Verschenken.
Ich wünsche dir Zeit, nicht zum Hasten und Rennen,
Sondern die Zeit zum Zufriedenseinkönnen.

Ich wünsche dir Zeit, nicht nur so zum Vertreiben.
Ich wünsche, sie möge dir übrigbleiben
Als Zeit für das Staunen und Zeit für Vertrauen,
Anstatt nach der Zeit auf der Uhr nur zu schauen.

Ich wünsche dir Zeit, nach den Sternen zu greifen,
Und Zeit, um zu wachsen, das heißt um zu reifen.
Ich wünsche dir Zeit, neu zu hoffen, zu lieben.
Es hat keinen Sinn, diese Zeit zu verschieben.

Ich wünsche dir Zeit, zu dir selber zu finden,
Jeden Tag, jede Stunde als Glück zu empfinden.
Ich wünsche dir Zeit, auch um Schuld zu vergeben.
Ich wünsche dir: Zeit zu haben zum Leben.

Elli Michler

Die Botschaft:

_____

_____

_____

Tragen Sie bitte hier ein, was Sie aus diesem Gedicht für sich erkannt haben.

Kämpfe darum glücklich zu sein

Gehe still inmitten von Lärm und Hast und erinnere Dich, welchen Frieden man im Schweigen finden kann. Vertrage Dich mit allen Leuten gut, soweit dies ohne Selbstaufgabe möglich ist. Sage Deine Wahrheit ruhig und deutlich; höre anderen zu, selbst wenn sie einfältig und unwissend sind, auch sie haben etwas zu sagen.

Meide laute und angriffslustige Leute; sie sind eine Plage des Geistes. Wenn Du Dich mit anderen vergleichst, magst Du Dich nichtig und bitter fühlen; es wird stets größere und geringere Menschen geben. Freue Dich über Deine Erfolge und über Deine Pläne.

Bleibe an Deiner eigenen Karriere interessiert, sei sie noch so bescheiden; sie ist wirklicher Besitz im wechselnden Glück der Zeit. In geschäftlichen Angelegenheiten sei vorsichtig; die Welt ist voll von Täuschungen. Das soll Dich jedoch nicht blind gegenüber den vorhandenen Werten machen; viele Menschen streben hohen Idealen nach; und überall ist das Leben voll von Heldentum.

Sei Du selbst; heuchle keine Zuneigung. Denke nicht zynisch über die Liebe; denn angesichts der Dürre und Ernüchterung ist sie wie das Gras.

Nimm gelassen den Rat der Jahre an, laß mit Würde die Jugend hinter Dir. Nähre die Kraft des Geistes, um in plötzlichem Unglück Schutz zu finden. Aber quäle Dich nicht mit Wunschvorstellungen. Viele Ängste werden aus Müdigkeit und Einsamkeit geboren. Abgesehen von einer gesunden Disziplin, gehe sanft mit Dir um.

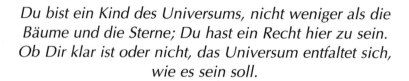

Du bist ein Kind des Universums, nicht weniger als die Bäume und die Sterne; Du hast ein Recht hier zu sein. Ob Dir klar ist oder nicht, das Universum entfaltet sich, wie es sein soll.

Sei deshalb in Frieden mit Gott, wie Du immer Dir ihn vorstellst; was immer Deine Arbeiten und Deine Hoffnungen sein mögen, halte in dieser lauten Verwirrung des Lebens Frieden mit Deiner Seele.

Mit all ihrer Falschheit, Plackerei, mit all ihren zerbrochenen Träumen, diese Welt ist immer noch wunderschön. Sei vorsichtig Kämpfe darum, Glücklich zu sein.

(Nach einem in der St.-Pauls-Kathedrale in Baltimore gefundenen Text aus dem Jahre 1692)

Die Botschaft:

_____

_____

_____

Tragen Sie bitte hier ein, was Sie aus dieser Story für sich erkannt haben.

Ich bin ein freier Mensch

*Ich will unter keinen Umständen ein Allerweltsmensch sein.
Ich habe ein Recht darauf, aus dem Rahmen zu fallen
- wenn ich es kann.
Ich wünsche mir Chancen, nicht Sicherheiten.
Ich will kein ausgehaltener Bürger sein,
gedemütigt und abgestumpft, weil der Staat für mich sorgt.
Ich will dem Risiko begegnen,
mich nach etwas sehnen und verwirklichen,
Schiffbruch erleiden und Erfolge haben.
Ich lehne es ab, mir den eigenen Antrieb
mit einem Trinkgeld abkaufen zu lassen.
Lieber will ich den Schwierigkeiten des Lebens
entgegentreten, als ein gesichertes Dasein führen;
lieber die gespannte Erregung des eigenen Erfolgs,
statt die dumpfe Ruhe Utopiens.
Ich will weder meine Freiheit gegen Wohltaten hergeben,
noch meine Menschenwürde gegen milde Gaben.
Ich habe gelernt, selbst für mich zu denken
und zu handeln, der Welt gerade ins Gesicht zu sehen
und zu bekennen: dies ist mein Werk.
Das alles ist gemeint, wenn wir sagen:
Ich bin ein freier Mensch.*

*Albert Schweitzer, 1875 - 1965
Theologe, Philosoph, Arzt und Musiker*

Die Botschaft:

_____

_____

_____

Tragen Sie bitte hier ein, was Sie aus diesem Gedicht für sich erkannt haben.

164

Erkenntnis

„

Ich weiß,
daß Positives sehr schnell
zur Selbstverständlichkeit wird.
Ich weiß,
daß Erreichtes im Laufe der Zeit
an Reiz verliert.
Ich weiß,
daß der einseitige Vergleich mit
dem Besseren das Positive verschlechtert.
Ich weiß,
daß ich Kraft im Lachen finde.
Ich weiß,
daß mir meine Arbeit viel bedeutet
und ein wichtiger Teil meines Lebens ist.
Ich weiß,
daß jede Begegnung mit anderen Menschen
für mich eine Bereicherung ist.
Ich weiß,
daß ich keine Schwierigkeiten habe,
das Negative zu sehen, ich mir aber Mühe geben muß,
das Positive nicht zu übersehen.
Ich weiß,
daß eine positive Lebenseinstellung
mir alles erleichtert.

"

Die Botschaft:

_____

_____

Tragen Sie bitte hier ein, was Sie aus diesem Gedicht für sich erkannt haben.

Jung sein

*Die Jugend
kennzeichnet nicht einen Lebensabschnitt
sondern eine Geisteshaltung.
Sie ist Ausdruck des Willens,
der Vorstellungskraft und der Gefühlsintensität.
Sie bedeutet Sieg des Mutes über die Mutlosigkeit,
Sieg der Abenteuerlust
über den Hang zur Bequemlichkeit.*

*Man wird nicht alt,
weil man eine gewisse Anzahl Jahre gelebt hat:
Man wird alt, wenn man seine Ideale aufgibt.
Die Jahre zeichnen zwar die Haut -
Ideale aufgeben aber zeichnet die Seele.
Vorurteile, Zweifel, Befürchtungen und Hoffnungslosigkeit
sind Feinde, die uns nach und nach zur Erde niederdrücken
und uns vor dem Tod zu Staub werden lassen.*

*Jung ist, wer noch staunen und sich begeistern kann.
Wer noch wie ein unersättliches Kind fragt:
Und dann?
Wer die Ereignisse herausfordert
und sich freut am Spiel des Lebens.*

*Ihr seid so jung wie euer Glaube,
so alt wie eure Zweifel,
so jung wie euer Selbstvertrauen,
so jung wie eure Hoffnung,
so alt wie eure Niedergeschlagenheit.*

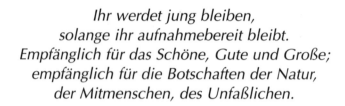

*Ihr werdet jung bleiben,
solange ihr aufnahmebereit bleibt.
Empfänglich für das Schöne, Gute und Große;
empfänglich für die Botschaften der Natur,
der Mitmenschen, des Unfaßlichen.*

*Sollte eines Tages euer Herz
geätzt werden von Pessimismus,
zernagt von Zynismus,
dann möge Gott Erbarmen haben mit eurer Seele -
der Seele eines Greises.*

Inschrift eines Granitsteines im Parco Gardino in Verona

Die Botschaft:

_____

_____

_____

Tragen Sie bitte hier ein, was Sie aus diesem Gedicht für sich erkannt haben.

Der Mann im Spiegel

Wenn Du hast, was Du willst im Kampf um den Erfolg,
Und die Welt Dich einen Tag zum König macht:
Dann stell Dich vor den Spiegel und schau Dich dort an
Und sieh, was der Mensch Dir zu sagen hat.

Er ist nicht Dein Vater, Deine Mutter, Deine Frau,
Vor deren Urteil Du bestehen mußt.
Der Mensch, dessen Meinung für Dich am meisten zählt,
Ist der, der Dich aus dem Spiegel anschaut.

Einige Menschen halten Dich für entschlossen,
Aufrecht, und für einen wunderbaren Kerl.
Der Mann im Spiegel nennt Dich einen Strolch,
Wenn Du ihm nicht offen in die Augen sehen kannst.

Auf ihn kommt es an, kümmere Dich nicht um den Rest,
Denn er ist bis ans Ende bei Dir.
Du hast die schwierigste Prüfung bestanden,
Wenn der Mann im Spiegel Dein Freund ist.

Auf Deinem Lebensweg kannst Du die Welt betrügen,
Dir anerkennend auf die Schultern klopfen lassen:
Doch Dein Lohn werden Kummer und Tränen sein,
Wenn Du den Mann im Spiegel betrogen hast.

Dale Wimbrow

Die Botschaft:

_____

_____

_____

Tragen Sie bitte hier ein, was Sie aus diesem Gedicht für sich erkannt haben.

Die Kunst der kleinen Schritte

Ich bitte nicht um Wunder und Visionen, Herr, sondern um die Kraft für den Alltag! Lehre mich die Kunst der kleinen Schritte!

Mach mich findig und erfinderisch, um im täglichen Vielerlei und Allerlei rechtzeitig meine Erkenntnisse und Erfahrungen zu notieren, von denen ich besonders getroffen und betroffen bin. Mach mich griffsicher in der richtigen Zeiteinteilung. Schenke mir das Fingerspitzengefühl, um herauszufinden, was erstrangig und was zweitrangig ist.

Ich bitte um Kraft für Zucht und Maß, daß ich nicht durch das Leben rutsche, sondern den Tageslauf vernünftig einteile, auf Lichtblicke und Höhepunkte achte, und wenigstens hin und wieder Zeit finde für einen kulturellen Genuß. Laß mich erkennen, daß Träumereien nicht weiterhelfen weder über die Vergangenheit noch über die Zukunft. Hilf mir, das Nächste so gut wie möglich zu tun und die jetzige Stunde als die wichtigste zu erkennen.

Bewahre mich vor dem naiven Glauben, es müßte im Leben alles glatt gehen. Schenke mir die nüchterne Erkenntnis, daß Schwierigkeiten, Niederlagen, Mißerfolge und Rückschläge eine selbstverständliche Zugabe zum Leben sind, durch die wir reifen.

Erinnere mich daran, daß das Herz oft gegen den Verstand streikt. Schick mir im rechten Augenblick jemand, der den Mut hat, mir die Wahrheit in Liebe zu sagen. Gib mir das tägliche Brot für Leib und Seele, eine Geste Deiner Liebe, ein freundliches Echo, und wenigstens hin und wieder das Erlebnis, daß ich gebraucht werde.

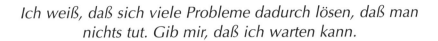

Ich weiß, daß sich viele Probleme dadurch lösen, daß man nichts tut. Gib mir, daß ich warten kann.

Ich möchte dich und die anderen immer aussprechen lassen. Das Wichtigste sagt man sich nicht selbst, es wird einem gesagt.

Du weißt, wie sehr wir der Freundschaft bedürfen. Gib, daß ich diesem schönsten, riskantesten und zartesten Geschäft des Lebens gewachsen bin. Verleihe mir die nötige Phantasie, im rechten Augenblick ein Päckchen Güte - mit oder ohne Worte - an der richtigen Stelle abzugeben.

Mach aus mir einen Menschen, der einem Schiff im Tiefgang gleicht, um auch die zu erreichen, die unten sind. Bewahre mich vor der Angst, ich könnte das Leben versäumen. Gib mir nichts, was ich mir wünsche, sondern was ich brauche. Lehre mich die Kunst der kleinen Schritte!

Antoine de Saint-Exupery

Die Botschaft:

_____

_____

_____

Tragen Sie bitte hier ein, was Sie aus dieser Story für sich erkannt haben.

Die Entwicklung der Menschheit

Einst haben die Kerls auf den Bäumen gehockt,
Behaart und mit böser Visage.
Dann hat man sie aus dem Urwald gelockt,
Und die Welt asphaltiert und aufgestockt

Bis zur dreißigsten Etage.
Da saßen sie nun, den Flöhen entflohn,
In zentralgeheizten Räumen.
Da sitzen sie nun am Telefon

Und es herrscht noch genau derselbe Ton,
Wie seinerzeit auf den Bäumen.
Sie hören weit, sie sehen fern.
Sie sind mit dem Weltall in Fühlung.

Sie putzen die Zähne, sie atmen modern,
Die Erde ist ein gebildeter Stern
Mit sehr viel Wasserspülung.
Sie schießen die Briefschaften durch ein Rohr.

Sie jagen und züchten Mikroben.
Sie versehen die Natur mit allem Komfort.
Sie fliegen steil in den Himmel empor
Und bleiben zwei Wochen oben.

Was ihre Verdauung übrig läßt,
Das verarbeiten sie zur Watte.
Sie spalten Atome, sie heilen Inzest
Und stellen durch Stiluntersuchungen fest,
Daß Cäsar Plattfüße hatte.

So haben sie mit dem Kopf und dem Mund
Den Fortschritt der Menschheit geschaffen.
Doch davon mal abgesehen und
Bei Lichte betrachtet sind sie im Grund
Noch immer die alten Affen.

Erich Kästner

Die Botschaft:

_____

_____

_____

Tragen Sie bitte hier ein, was Sie aus diesem Gedicht für sich erkannt haben.

Die folgenden zwölf Beispiele sollen Ihnen praxisnah zeigen, wie Sie die Stories dieses Buches in Ihre Reden, Meetings oder in Ihre Korrespondenz einbauen können.

Beispiel 1:

Begrüßungsrede eines Unternehmers, der seine Geschäftspartner zu einer kleinen Feier eingeladen hat.

Es war einmal ein Indianerhäuptling, der fuhr mit der Eisenbahn zu einer Vertragsverhandlung. Am Zielort stieg er aus, ging ein Stück von den Gleisen fort und setzte sich auf den Boden.

„Warum tust du das?" fragten ihn seine Verhandlungspartner verwundert.

Seine Antwort: „Die Fahrt war für mich viel zu schnell.

Mein Körper sitzt jetzt zwar hier, aber ich muß warten, bis auch mein Geist angekommen ist."

Meine Damen und Herren,
liebe Gäste, liebe Freunde,

manchmal tut es auch uns gut, innezuhalten.
Deshalb sind wir hier und heute zusammengekommen,
um einmal
abzuschalten,
neue Anregungen aufzunehmen,
den Akku neu aufladen.

Ich sage Ihnen allen ein herzliches „Grüß Gott" und heiße Sie bei uns willkommen.

Wir leben heute, meine Damen und Herren, in einer Welt der stetigen Herausforderung.

Mir ist bewußt, daß ich hier zu Menschen spreche, die diese Herausforderung allerdings sogar suchen.

Eine solche Haltung ist aber leider nicht selbstverständlich bei uns in Deutschland.

Überall wird gejammert,
grau in grau gesehen,
miese Stimmung verbreitet.
Man kann geradezu von einer „deutschen Lähmung" sprechen.
Wir sind Weltmeister im Klagen geworden.

Von Aufbruchstimmung,
von Ärmel hoch krempeln,
von in die Hände spucken
und „Jetzt erst recht-Haltung"
ist weit und breit nichts zu spüren.

Das macht mir ganz große Sorgen.

Warum?

Weil dieses negative Denken sehr gefährlich sein kann. Folgende kleine Geschichte mag es Ihnen verdeutlichen:

Ein Mann lebte am Straßenrand und verkaufte heiße Würstchen.

Er war schwerhörig, deshalb hatte er kein Radio. Er sah schlecht, deshalb las er keine Zeitung.

Aber er verkaufte köstliche heiße Würstchen.

Das sprach sich herum und die Nachfrage stieg von Tag zu Tag. Er kaufte einen größeren Herd, mußte immer mehr Fleisch und Brötchen einkaufen.

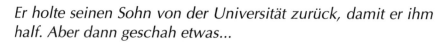

Er holte seinen Sohn von der Universität zurück, damit er ihm half. Aber dann geschah etwas...

Sein Sohn sagte: „Vater, hast du denn nicht Radio gehört? Eine schwere Rezession kommt auf uns zu. Der Umsatz wird zurückgehen. Du solltest nichts mehr investieren!"

Der Vater dachte: „Nun, mein Sohn hat studiert. Er schaut Fernsehen, hört Radio, liest Zeitung. Der muß es schließlich wissen."

Also verringerte er seine Fleisch- und Brötcheneinkäufe, sparte an der Qualität des Fleisches. Er verringerte seine Kosten, indem er keine Werbung mehr machte.

Und das Schlimmste: die Ungewißheit vor der Zukunft ließ ihn mißmutig werden im Umgang mit seinen Kunden.

Was passierte daraufhin? Es ging blitzschnell: sein Absatz an heißen Würstchen fiel über Nacht.

„Du hattest recht, mein Sohn", sagte der Vater zum Jungen, „es steht uns wirklich eine schwere Rezession bevor."

Was zeigt uns die Geschichte?

Sie macht deutlich: der griechische Philosoph Epiktet hatte recht, als er einmal sagte:

„Ob du denkst, du kannst es, oder du kannst es nicht - in beiden Fällen bekommst du recht."

Es ist ein Naturgesetz, daß ein oft wiederholter Gedanke zur Realität wird. Sie können die Auswirkungen dieses Gesetzes überall in Ihrer Umgebung beobachten.

Der „eingebildete Kranke" fürchtet dauernd, krank zu werden. Der nächste Schritt ist, daß er glaubt, krank zu sein.

Und bald ist er wirklich krank.

Von einem besonders tragischen Fall negativen Denkens schrieb dieser Tage die „Süddeutsche Zeitung". Ein Münchner Nervenarzt berichtete darin:

„Eine Wahrsagerin prophezeite einer meiner Patientinnen in frühester Kindheit für das 43. Lebensjahr ihren Tod. In dieser Zeit unterzog sie sich einer leichten Operation. Sie verlief ohne Komplikationen. Sie muß aber wohl von ihrem Tod so felsenfest überzeugt gewesen sein, daß sie wenige Stunden nach der Operation aus medizinisch völlig unerklärlichen Gründen verstarb."

Lassen Sie mich noch zwei ganz aktuelle Beispiele aus dem Bereich des Sports bringen:

Donovan Bailey, der vor wenigen Monaten bei den Olympischen Spielen in Atlanta den 100 m - Lauf in neuer Weltrekordzeit gewann, wurde gefragt, warum weiße Athleten in entscheidenden Situationen gegen dunkelhäutige Athleten verlieren.

Wissen Sie, was er gesagt hat?

„The white people worry too much."

Die Weißen machen sich zu viele Sorgen, sie denken zu viel.

Mir scheint: dieser Satz gilt besonders für die Deutschen, die sich auch zu viele Sorgen machen, grau in grau sehen, statt - auch wenn durch die Globalisierung der Märkte die Zeiten schwieriger geworden sind - aktiv zu werden und Optimismus zu zeigen. So wie Donovan Bailey.

Oder wie Carl Lewis, der neunfache Olympiasieger, Sie kennen ihn alle.

Er hat geschafft, was noch keiner vor ihm schaffte: in vier Olympischen Spielen gewann er viermal hintereinander in der gleichen Disziplin, dem Weitsprung, die Goldmedaille.

Sein Geheimnis: *„Ich brauche"*, sagt er, *„keine psychologischen Hilfen, ich weiß, wie gut ich bin."*

Ist diese Art des „positiven Denkens" nun eine neumodische Erfindung des „NEW AGE" ? Nein! Schon in der Bibel steht der Satz: „Der Glaube versetzt Berge."

Deshalb: Glauben wir wieder mehr an uns! Wir haben doch Grund dazu, oder?

Liebe Gäste, weil Lob und Anerkennung meistens im Tagesgeschäft zu kurz kommen, möchte ich Ihnen hier und heute einmal allen herzlich danken für die gute, vertrauensvolle Zusammenarbeit.

Wir haben in den vergangenen Jahren gezeigt, was wir können. Wir wissen - um es mit den Worten von Carl Lewis auszudrücken - daß wir gut sind.

Darf uns das nicht Selbstvertrauen geben?

In unseren Köpfen darf einfach kein Platz sein für dieses Grau in Grau - Denken!!!

Helfen Sie mit, es in unseren Köpfen durch Farbe, Licht und Freude zu ersetzen.

Fangen wir gleich damit an!

Ich wünsche Ihnen heitere, erlebnisreiche Stunden und jetzt gleich einen guten Appetit beim kalten Buffet.

Beispiel 2:

Begrüßungsrede anläßlich des 50. Vereinsjubiläums des Sportvereines. Es spricht der erste Vorstand.

Liebe Sportsfreunde,
liebe Gäste,
liebe Förderer unseres Sportvereins,
feiern wollen wir heute miteinander,
nicht aber große Reden halten,
sind wir uns da einig?

Daß dennoch am Anfang dieser Feierstunde ein paar Rückblick- und Geleitworte gesagt werden, das muß so sein.

Natürlich sind wir stolz auf unsere Sportverein-Tradition!

50 Jahre gibt es uns schon!!!

Das ist der Grund, warum wir heute zusammengekommen sind.

Ich begrüße Sie alle sehr herzlich,
liebe Gäste, liebe Freunde.

„Geteilte Freude ist doppelte Freude", sagt der Volksmund.

Sie alle, die Sie unserer Einladung gefolgt sind, verdoppeln unsere Freude.

Es ist schon viele Jahre her,
ich war damals noch ein junger Bursch,
da habe ich mir Gedanken darüber gemacht, was
- das Besondere,
- das Unverwechselbare,
- den Charakter eines Sportvereins ausmacht.

Sind es die sportlichen Erfolge, die er vorzuweisen hat?

Ist es das repräsentative Sportheim?

Ist es die Größe der Mitgliederzahl?

Nein!! Es kommt auf etwas ganz anderes an. Eine kleine Geschichte soll Ihnen das verdeutlichen.

Es waren einmal drei Holzarbeiter, deren Lastwagen mitten im Wald bis zu den Achsen im Schlamm versank.

Wie versteinert saßen sie in ihrem Führerhaus.

Der erste schlug wütend auf das Lenkrad und fluchte.

Der zweite sprang aus dem Lastwagen, legte sich unter einem Baum in den Schatten und sagte, er wolle sich ein wenig ausruhen, bis jemand vorbeikäme.

Und was machte der dritte?

Er nahm seine Axt und eine Säge, ging in den Wald und schnitt Äste zurecht. Diese legte er unter die Räder.

Nach einer Stunde konnten sie ihre Fahrt fortsetzen.

Was macht die Geschichte deutlich?

Sie macht deutlich: Der eigentliche Geist eines Sportvereins, seine Kultur,

wird geprägt von der Aktivität seiner Mitglieder, und deshalb sage ich Euch ein besonders herzliches Grüß Gott.

Ich übergebe nun das Wort an unseren 1. Bürgermeister und wünsche Ihnen allen vergnügliche Stunden.

Beispiel 3:

Motivationsrede eines Abteilungsleiters bei einem Meeting vor seinen Mitarbeitern

Wir leben heute, meine Damen und Herren, in einer Welt der stetigen Herausforderung.

Eine ganz spezifische Herausforderung, mit der wir umzugehen lernen müssen, ist die Beherrschung des Just in time - Wettbewerbs.

Wie wir diesen Wettbewerb bestehen können - genau darum geht es uns bei unserem heutigen Meeting, zu dem ich Sie herzlich begrüße.

Was heißt „Just in time"?

Just in time heißt zweierlei: nämlich besser und schneller zu sein. Wie ich das meine, sollen Ihnen zwei Beispiele deutlich machen:

Zwei kanadische Jäger waren abends an ihrem Lagerfeuer eingeschlafen. Da kam plötzlich ein großer Bär auf ihr Lagerfeuer zu.

Der eine von beiden packt in Windeseile seinen Rucksack, holt ein paar Laufschuhe heraus und zieht sie sich an. Der andere grinst ihn an und fragt: „Glaubst du wirklich, daß du mit den Schuhen dem Bären weglaufen kannst?" Der antwortet: „Keineswegs, ich muß bloß schneller sein als du."

Just in time - schneller sein - besser sein.

Besser sein - das wurde auch den Kindern des alten Joe Kennedy eingetrichtert.

Über den jungen Robert Kennedy gibt es folgende Geschichte:

Robert ging eines Tages zu seinem Vater und sagte: *"Daddy, ich möchte Priester werden."* Der alte Kennedy dachte eine Weile nach und nickte dann zustimmend: *"Okay, Robert, ich habe mir schon immer gewünscht, einen Papst in der Familie zu haben."*

Meine Damen und Herren, der alte Kennedy hatte nicht ganz unrecht mit seiner Vision, sein Sohn Robert wurde später Justizminister, sein Sohn John sogar Präsident der USA. Vielleicht schütteln einige von Ihnen betroffen den Kopf über diesen maßlosen elterlichen Ehrgeiz.

Dennoch enthält diese Geschichte für uns als Unternehmer und Führungskräfte einen wichtigen Hinweis: Wer den unbedingten Willen zum Erfolg hat, muß das Beste verlangen. Von sich und seinen Mitarbeitern.

Wir müssen uns also Gedanken machen,

1. wie wir die Motivation unserer Mitarbeiter erhöhen können,

2. wie wir als Führungskräfte mit gutem Beispiel vorangehen können.

Ich eröffne nun die Diskussion.

Beispiel 4:

Jahresabschlußrede. Es spricht der Vorgesetzte zu seinen Mitarbeitern

Liebe Mitarbeiter,

wir sind heute zusammengekommen,
um auf das vergangene Jahr zurückzuschauen,
aber auch um vorauszuschauen ins neue Jahr 1997.

Vor allem aber sind wir zusammengekommen, um uns zu freuen über das, was wir 1996 gemeinsam geschaffen und geleistet haben.

Wir haben Grund zu feiern und deshalb heißen wir Sie herzlich willkommen.

War das Jahr 1996 insgesamt nun ein gutes Jahr?

Oder war es ein schlechtes Jahr?

Ein Jahr der Ruhe war es gewiß nicht.

Sie alle wissen: unser stolzes Unternehmensschiff ist in ein etwas schwierigeres Fahrwasser geraten. Der Sturm bläst uns hart ins Gesicht. Wir mußten aufpassen, daß das Schiff nicht ins Schlingern geriet. Es war insgesamt also ein spannendes Jahr. Ich beklage das nicht. Im Gegenteil. Finden Sie nicht auch, liebe Mitarbeiter, daß es besser ist, in spannenden Zeiten zu leben als in langweiligen?

Der Mensch braucht die Herausforderung. Daß es uns gelungen ist, unser Schiff auf Kurs zu halten, war nicht nur das Verdienst des Kapitäns, sondern vor allem das Verdienst der ganzen Mannschaft. Wir haben nach dem Motto gehandelt: *„Wer alleine arbeitet, addiert, wer zusammen arbeitet, multipliziert."*

So wie beim menschlichen Körper jedes Organ, das Herz also, die Lunge, das Ohr, die Augen seine ganz eigene Funktion hat für das Ganze, so hat auch jeder von Ihnen zum Erfolg dieses Jahres beigetragen. Dafür danke ich Ihnen ganz herzlich.

Sie waren Ameisen, keine Kamele!

Wie ich das meine?

Ein Kamel weidete einmal in der Steppe und sah im Gras zu seinen Füßen eine winzige kleine Ameise. Die kleine Ameise schleppte einen großen Halm, der zehnmal größer, als sie selbst war.

Das Kamel sah ihr eine Weile zu, wie sie sich abschleppte, und meinte dann:

„Je länger ich dir zuschaue, desto mehr bewundere ich dich.

Du schleppst, als wäre das gar nichts, einen Strohhalm, zehnmal größer als du selbst bist. Und ich knicke schon unter einem einzigen Sack ein. Wie kommt das?"

„Wie das kommt?" meinte die Ameise und hielt eine Weile inne. „Es ist, weil ich für mich selbst arbeite und du für deinen Herrn!"

Ich hatte bei Ihnen, liebe Mitarbeiter, immer das Gefühl, daß Sie - genau wie die Ameise - aus eigenem Antrieb und mit Freude Ihre Aufgabe erfüllen.

Fazit: Wir haben 1996 gezeigt, was wir können. Das gibt uns Selbstvertrauen.

Mit diesem Vertrauen in uns selbst können wir guten Mutes sein.

Ich wünsche Ihnen allen Glück und Segen für das neue Jahr, ich wünsche Ihnen jetzt einen guten Appetit und uns allen einen schönen, gemütlichen Abend.

Beispiel 5:

Rede zum 50. Geburtstag der Ehefrau
Es spricht der Ehemann

Liebe Freunde, liebe Gäste,

was hat unser Geburtstagskind Eva mit Konrad Adenauer gemeinsam?

Bevor Ihr jetzt wilde Spekulationen anstellt, begrüße ich Euch alle sehr herzlich. Ich freue mich, daß Ihr gekommen seid, um unserer Eva den Einstieg in das sechste Lebensjahrzehnt zu versüßen.

Zurück zu meiner Frage: Was haben Adenauer und Eva gemeinsam?

Beide verbindet ein historisches Datum: Am 26. 02. 1946 wurde Eva geboren, am gleichen Tag Adenauer CDU-Chef.

Das eine Ereignis ging in die Geschichte Deutschlands ein, das andere in die Geschichte unserer Stadt. Ein historisches Jahr also, das Jahr 1946.

Heute zählen wir das Jahr 1996 und ich möchte von all den Tagen, die ich an Deiner Seite verbringen durfte, keinen einzigen Tag missen. Liebe Eva, ich sag's hier vor allen: Du gefällst mir, so wie Du bist. So wie Du bist, ist es gut. Du bist ein Superweib! Eine jung gebliebene Fünfzigerin bist Du. Weil jetzt also eine fünf vor Deinem Lebensalter steht, möchte ich fünf Geschenke herausgreifen, die Du mir im Laufe unserer gemeinsamen Jahre gemacht hast.

Erstens danke ich Dir als Dein Ehemann für 30 Jahre Glück in unserer Ehe.

Zweitens danke ich Dir als Vater für die Erziehung unserer Kinder Hans und Brigitte. Eine Frau, die zwei Kinder zu tüchtigen Menschen macht, leistet großartige Arbeit.

Drittens danke ich Dir für Deine Lebensfreude und Deinen Optimismus, mit dem Du mich oft angesteckt hast, wenn ich mal nicht so gut drauf war.

Viertens danke ich Dir für Deine Kameradschaft, für Deine Toleranz, mein Schwächen und Fehler zu ertragen.

Und fünftens danke ich Dir für Deinen unermüdlichen Fleiß.

Für unsere Kunden bist Du eine kompetente, stets hilfsbereite und verläßliche Partnerin.

Weißt Du, Eva, was ich an Dir am meisten bewundere?

Eine kleine Geschichte soll es Dir verraten: die Geschichte von den zwei Freunden und dem Bär.

Zwei Freunde gingen gemeinsam durch den Wald. Als ihnen ein Bär begegnete, stieg der eine rasch auf einen Baum und versteckte sich.

Der andere, der keine Möglichkeit mehr sah, zu entkommen, legte sich auf die Erde und stellte sich tot.

Der Bär beschnüffelte ihn, und, da seine Gattung keinen Leichnam anrührt, ging er fort.

Der Kletterer kam vom Baum herunter und fragte den Freund:

„Was hat dir denn der Bär ins Ohr geflüstert?"

Der antwortete: „Er sagte mir, ich solle mich von Freunden trennen, die in Gefahren davon laufen."

Nie würdest Du, Eva, davon laufen, wenn ein Freund in Not ist.

Wie oft habe ich erlebt, daß jemand anrief, sei es weil er einen Unfall hatte,
weil er krank war,
weil er in seelischer Not war
und Du hast alles stehen und liegen lassen und bist losgefahren, auch wenn es ein paar hundert Kilometer waren.

Deine Hilfsbereitschaft ist einfach einmalig. Du nimmst Dir Zeit für Deine Freunde.

Liebe Eva, nimm Dir weiterhin Zeit, aber bitte nimm Dir auch Zeit für Dich.

Und nun, liebe Freunde: erhebt Euer Glas! Wir wollen trinken auf noch viele schöne und erfüllte Jahre mit Eva in unserer Mitte.

Und jetzt singen wir alle zusammen: „Happy birthday to you..."

Beispiel 6:

Weihnachtsansprache.
Es spricht der Vereinsvorstand

„Gastlichkeit und gemeinsam erlebte Feste sind ein Vorgeschmack des Himmels", so sagt eine alte Mönchsweisheit.

Liebe Freunde, liebe Gäste,

wenn obiger Satz stimmt, werden wir heute abend und in den nächsten Wochen den Himmel auf Erden erleben:

bei den Feiern zum Advent, den Feiern zu Weihnachten, den Feiern zum Jahreswechsel.

Haben die Mönche nicht recht mit ihrer Einstellung? Warum sollte Gott auch böse sein, wenn wir seine Schöpfung - inmitten aller Vergänglichkeit - immer wieder feiern?

Von einem Rabbi in Frankreich wird erzählt, er habe verfügt, daß sein Sarg aus den Brettern des Tisches gezimmert werden solle, an dem er mit seinen Freunden gefeiert habe.

Wo man gemeinsam ißt und trinkt, da hört Unrast auf.

Da kann man zur Ruhe kommen, abschalten.

Gelöstheit stellt sich ein. So etwas wie Frieden kommt auf.

Wie aber klagt Nietzsche? *„Es ist zwar leicht ein Fest auszurichten, nur wenige Menschen aber verstehen es, richtig zu feiern."*

Er meint damit wohl jene, die mit Essen und Trinken letztlich nur die Traurigkeit und Einsamkeit ihres Lebens verdrängen wollen. Deshalb ersetzen sie Fülle durch Völlerei. Doch mit noch so raffinierten Gaumenreizen können sie nicht verhindern, daß sich der Geschmack am Leben immer mehr verliert.

Wie aber schafft man das, aus den kommenden Feiern Stunden der bewußt erlebten Freude und des Glücks zu machen? Vielleicht kann uns die folgende kleine orientalische Parabel einen kleinen Denkanstoß geben:

Einst kam ein Mann zum Propheten Elias. Ihn bewegte die Frage nach Himmel und Hölle, denn er wollte seinem Leben einen Sinn geben.

Da nahm ihn der Prophet bei der Hand und führte ihn durch dunkle Gassen in einen großen Saal, wo sich viele ausgemergelte Gestalten um die Feuerstelle drängten. Dort brodelte in einem großen Kessel eine köstlich duftende Suppe.

Jeder der Leute besaß einen gußeisernen Löffel, der so lang war wie er selbst. Der Löffel war aufgrund seiner Größe zu schwer, um allein die Suppe damit zu schöpfen und zu lang,

um damit die Nahrung zum Mund führen zu können. So waren die Menschen halb wahnsinnig vor Hunger und schlugen aufeinander ein vor Wut.

Da faßte Elias seinen Begleiter am Arm und sagte: „Siehst du, das ist die Hölle."

Sie verließen den Saal und traten bald in einen anderen. Auch hier viele Menschen.

Auch hier wieder ein Kessel Suppe. Auch hier die riesigen Löffel. Aber die Menschen waren wohlgenährt, und man hörte in dem Saal nur das zufriedene Summen angeregter Unterhaltung. Männer und Frauen hatten sich zusammengetan. Einige tauchten gemeinsam die schweren Löffel ein und fütterten die Gegenübersitzenden. Umgekehrt geschah es ebenso.

Auf diese Weise wurden alle satt.

Und der Prophet Elias sagte zu seinem Begleiter: „Siehst du, das ist der Himmel."

Die Geschichte zeigt: Ob wir im Himmel oder in der Hölle leben, hängt vielfach einzig davon ab, wie wir miteinander umgehen.

Die Hölle ist das egoistische Neben- und Gegeneinander, das niemanden wirklich satt macht.

Der Himmel hingegen ist die Gastfreundschaft,

die Bereitschaft zu kooperieren, und die Freude daran, eine Gemeinschaft zu bilden, ein Team, das Erfolg hat, in dem es allen gut geht und in dem man Glück genießen kann.

Sind Sie mit dieser meiner „Weihnachtsbotschaft" einverstanden?

Zum Feiern haben wir in den nächsten Wochen allen Grund, denn wir haben viel geleistet in diesem Jahr, viel erreicht. Das gibt uns Kraft und Zuversicht für die weiteren Etappen, die noch vor uns liegen, wir haben uns ja hohe Ziele gesetzt.

Ich wünsche uns allen, liebe Freunde, ein schönes, ein herzliches, ein fröhliches Fest.

Beispiel 7:

Brief an einen Freund zu dessen 50. Geburtstag

Lieber Klaus,

es war einmal ein Vater, der versammelte eines Tages seine Kinder um sich und sagte: „In meiner Jugend war ich Revolutionär, und mein einziges Gebet zu Gott lautete:

‚Herr, gib mir die Kraft, die Welt zu ändern.'

Als ich die mittleren Jahre erreichte, merkte ich: ich hatte keine einzige Seele verändert. Da wandelte ich mein Gebet ab und bat:

‚Herr, gib mir die Gnade, wenigstens meine Familie und Freunde zu verändern, dann bin ich schon zufrieden.'

Nun, da ich langsam älter werde, beginne ich einzusehen, wie töricht ich war. Mein einziges Gebet lautet nun:

‚Herr, gib mir die Gnade, mich selbst zu ändern.' "

Lieber Klaus, du feierst heute Deinen 50. Geburtstag, zu dem ich Dir herzlich gratuliere. Wie ich Dich bisher kennengelernt habe, liegt Dir immer sehr daran, Dich fortzuentwickeln, nicht stehenzubleiben. Daß Dir das gelingt, wünsche ich Dir für Deine „zweite Halbzeit" von Herzen. Bleib wie Du bist, und ändere Dich täglich.

Ich möchte mit Dir noch viele gemeinsame schöne Stunden erleben. Darum achte auf Deine Gesundheit, passe auf Dich auf!

Eine spannende, lebendige Zeit wünscht Dir
Dein alter Freund Otto.

Beispiel 8

Der Chef bedankt sich bei seinen Mitarbeitern für die Glückwünsche zu seinem 60. Geburtstag

Liebe Mitarbeiter,

Sie haben mir zu meinem 60. Geburtstag viele Glückwünsche überbracht, für die ich mich herzlich bedanke. Was hat man mir wohl am allermeisten gewünscht? In meinem Alter liegt es nahe: Gesundheit.

Das hat mich ziemlich viel mit dem Gedanken beschäftigen lassen: was kann man konkret tun, um möglichst gesund zu bleiben? Das Thema ist für jeden von uns aktuell, und „Fitness, Wellness, Health" - das sind Schlagworte, die kennt jeder aus den Medien.

Was kann man nun wirklich tun, um „forever young" zu sein?

Eine interessante Antwort fand ich dieser Tage bei Franz von Assisi.

Als er eines Tages eine Wiese mähte, fragten ihn seine Mitbrüder: *„Wenn du noch eine Stunde zu leben hättest, was würdest Du dann tun?"*

Ohne aufzusehen und nachzudenken antwortete er: *„Weitermähen."*

Er sagte nicht *„zu Ende mähen"* oder *„schneller mähen"*, er sagte einfach *„weitermähen."*

Ist das nicht eine merkwürdige Antwort? Er war offensichtlich mit dem, was er tat und mit dem, was er dachte, in absoluter Harmonie mit sich selbst.

In Harmonie mit sich selbst sein - vielleicht ist das der Schlüssel zur inneren Gesundheit?

Wer von Ihnen diese Harmonie noch nicht ganz erreicht hat, liebe Mitarbeiter, dem wünsche ich für seinen Lebensweg von ganzem Herzen alle Kraft, dieses Ziel weiterzuverfolgen.

Vielleicht kann dabei ein Gedicht von Dale Wimbrow ein wenig „Kraftspender" sein. Es heißt:

Der Mann im Spiegel

Wenn Du hast, was Du willst im Kampf um den Erfolg,
Und die Welt Dich einen Tag zum König macht:
Dann stell Dich vor den Spiegel und schau Dich dort an
Und sieh, was der Mensch Dir zu sagen hat.
Er ist nicht Dein Vater, Deine Mutter, Deine Frau,
Vor deren Urteil Du bestehen mußt.
Der Mensch, dessen Meinung für Dich am meisten zählt,
Ist der, der Dich aus dem Spiegel anschaut.
Einige Menschen halten Dich für entschlossen,
Aufrecht, und für einen wunderbaren Kerl.
Der Mann im Spiegel nennt Dich einen Strolch,
Wenn Du ihm nicht offen in die Augen sehen kannst.
Auf ihn kommt es an, kümmere Dich nicht um den Rest,
Denn er ist bis ans Ende bei Dir.
Du hast die schwierigste Prüfung bestanden,
Wenn der Mann im Spiegel Dein Freund ist.
Auf Deinem Lebensweg kannst Du die Welt betrügen,
Dir anerkennend auf die Schultern klopfen lassen:
Doch Dein Lohn werden Kummer und Tränen sein,
Wenn Du den Mann im Spiegel betrogen hast.

Dale Wimbrow

Wie gefällt Ihnen dieses Gedicht? Ich wünsche Ihnen und mir, daß wir bei allem, was wir tun, uns jeden Tag guten Gewissens im Spiegel anschauen können! Denn dann bleibt auch unsere Seele gesund.

Ich danke Ihnen nochmals für alle Glückwünsche und Geschenke und verspreche Ihnen, daß ich auf mich achten werde: auf Geist, Seele und Körper. Dann bin ich sicher, werde ich genug Kraft und Energie haben, um zusammen mit Ihnen noch viele große Ziele zu erreichen.

Ich freue mich auf die weitere Zusammenarbeit mit Ihnen.

Beispiel 9:

Weihnachts- oder Adventsansprache. Es spricht der Vorgesetzte zu seinen Mitarbeitern

Meine Damen und Herren, liebe Mitarbeiter,

ist Ihnen das schon aufgefallen:

wenn Erwachsene sich unterhalten, geht es sehr oft um Zahlen.

Interessieren sie sich für jemanden, fragen sie nach dem Besitz, nach dem Titel, nach dem Geschäft.

Kinder fragen nach ganz anderen Dingen, wenn sie jemanden kennenlernen wollen: Sie fragen z.B.:

„Sammelst du Schmetterlinge? Kannst du auf den Fingern pfeifen? Magst du Dinos?"

Sie können sich auch viel besser freuen als Erwachsene. Wo Kinder auftauchen, bekommt alles ein natürliches, frisches Gesicht voller Farbe, Wärme und Leben.

Das gilt besonders für die vorweihnachtlichen Tage. Für Kinder haben sie einen magischen Glanz, einen unaussprechlichen Zauber.

Und die Erwachsenen? Sie rennen, kaufen, haben vor allem keine Zeit für sich selbst.

Wie wäre es, wenn wir die Tage bis Weihnachten dazu nützen, wieder mehr Kind zu sein?

Vielleicht bekäme dann das Fest für uns wieder etwas von seinem alten Glanz und Zauber?

Was es heißt, die Welt mit den Augen eines Kindes zu sehen, darüber hat Erich Kästner ein wunderschönes Gedicht geschrieben.

Ich zitiere:

Wie war die Welt noch imposant,
als ich ein kleiner Junge war!
Da reichte einem das Gras bis zur Nase,
falls man im Grase stand!

Geschätzte Leser - das waren noch Gräser!
Die Stühle war'n höher, die Straßen breiter,
der Donner war lauter, der Himmel weiter,
die Bäume war'n größer, die Lehrer gescheiter!

Und noch ein Pfund Butter, liebe Leute,
war drei - bis viermal schwerer als heute!
Kein Mensch wird's bestreiten -
das waren noch Zeiten!

Wie dem auch sei,
vorbei ist vorbei.
Nichts blieb beim alten.
Man wuchs ein bißchen.
Nichts ließ sich halten.

Der Strom ward zum Flüßchen,
der Riese zum Zwerg,
zum Hügel der Berg.

Die Tische und Stühle,
die Straßen und Räume,
das Gras und die Bäume,
die großen Gefühle,
die Lehrer, die Träume,

*dein Wille und meiner,
der Mond und das übrige
Sternengewölbe -
alles ward kleiner,
nichts blieb dasselbe.*

*Man sah's. Man ertrug's.
Bloß weil man später
ein paar Zentimeter wuchs.*

In diesem Sinne wünsche ich uns allen viel kindhafte Freude an einem „glanz"- vollen, einem „zauber"- haften Fest.

Beispiel 10:

Weihnachtsansprache des Chefs vor seinen Mitarbeitern

Liebe Damen und Herren, liebe Mitarbeiter

haben Sie schon einmal einen Leserbrief geschrieben?

Die kleine Virginia O'Hanlon aus New York schrieb im Jahre 1897 der lokalen Tageszeitung „Sun" folgenden Brief:

„Liebe Sun,

Ich bin acht Jahre alt. Einige von meinen Freunden sagen: es gibt keinen Weihnachtsmann.

Papa sagt, was in der ‚Sun' steht, ist immer wahr. Bitte, sagen Sie mir: gibt es einen Weihnachtsmann?"

Dem Chefredakteur war die Antwort so wichtig, daß er sie selbst gab.

Über ein halbes Jahrhundert, bis zur Einstellung der Zeitung im Jahre 1950, druckte die Zeitung zur Weihnachtszeit diesen Briefwechsel - immer auf der Titelseite. Und das zu Recht, denn die Antwort des Chefredakteurs ist eine der schönsten Weihnachtsgeschichten.

Virginia,

Deine kleinen Freunde haben nicht recht. Sie glauben nur was sie sehen; sie glauben, daß es nicht geben kann, was sie mit ihrem kleinen Geist nicht erfassen können.

Aller Menschengeist ist klein; ob er nun einem Erwachsenen oder einem Kind gehört.

Im Weltall verliert er sich wie ein winziges Insekt.

Solcher Ameisenverstand reicht nicht aus, die ganze Wahrheit zu erfassen und zu begreifen.

Ja, Virginia, es gibt einen Weihnachtsmann. Es gibt ihn so gewiß wie die Liebe und Großherzigkeit und Treue. Weil es all das gibt, kann unser Leben schön und heiter sein.

Wie dunkel wäre die Welt, wenn es keinen Weihnachtsmann gäbe! Es gäbe dann auch keine Virginia, keinen Glauben, keine Poesie - gar nichts, was das Leben erst erträglich machte.

Ein Flackerrest an sichtbar Schönem bliebe übrig. Aber das Licht der Kindheit, das die Welt ausstrahlt, müßte verlöschen.

Es gibt einen Weihnachtsmann. Sonst könntest Du auch den Märchen nicht glauben.

Gewiß, Du könntest Deinen Papa bitten, er solle am Heiligen Abend Leute ausschicken, den Weihnachtsmann zu fangen. Und keiner von ihnen bekäme den Weihnachtsmann zu Gesicht - was würde das beweisen? Kein Mensch sieht ihn einfach so. Das beweist gar nichts.

Die wichtigsten Dinge bleiben meistens unsichtbar.

Die Elfen, zum Beispiel, wenn sie auf den Mondwiesen tanzen. Trotzdem gibt es sie.

All die Wunder zu denken - geschweige denn sie zu sehen - das vermag nicht einmal der Klügste auf der Welt.

Was Du auch siehst, Du siehst nie alles. Du kannst ein Kaleidoskop aufbrechen und nach den schönen Farbfiguren suchen. Du wirst einige bunten Scherben finden, nichts weiter.

Warum?

Weil es einen Schleier gibt, der die wahre Welt verhüllt, einen Schleier, den nicht einmal alle Gewalt auf der Welt zerreißen kann. Nur Glaube und Poesie und Liebe können ihn lüften.

Dann werden die Schönheit und Herrlichkeit dahinter auf einmal zu erkennen sein.

"Ist das denn auch wahr?" kannst Du fragen. Virginia, nichts auf der ganzen Welt ist wahrer und nichts beständiger.

Der Weihnachtsmann lebt, und ewig wird er leben. Sogar in zehnmal zehntausend Jahren wird er da sein, um Kinder wie Dich und jedes offene Herz mit Freude zu erfüllen.

Frohe Weihnacht, Virginia,

Dein Francis P. Church

Ist das nicht ein wunderschöner Brief, meine Damen und Herren? Der Chefredakteur hat recht: wie dunkel wäre die Welt, wenn es kein Weihnachtsfest gäbe.

Der Erfolg des vergangenen Jahres darf uns sicherlich stolz machen. Deshalb dürfen wir ihn jetzt - in der besinnlichen Zeit - auch ein wenig genießen. Das gibt Zuversicht und Energie für die weiteren Etappen, die 1997 vor uns liegen.

Ich wünsche uns allen zusammen eine friedvolle Advents- und Weihnachtszeit.

Beispiel 11:

Ein Hotelier begrüßt geladene Gäste zur Einweihung seines neuen Gästehauses

Herzlich willkommen in unserem neuen Gästehaus, meine Damen und Herren.

Ich habe mir vorgenommen, Ihnen keine lange Rede zu halten, das würde Sie nur unnötig lange vom Schlemmerbuffett fernhalten.

Stattdessen erzähle ich Ihnen eine kleine Geschichte der Gebrüder Grimm, einverstanden?

Es war einmal eine Bauersfrau, die in ihrem Haus nur Unglück hatte und zusehen mußte, wie ihr Vermögen immer weniger wurde und ihr Anwesen immer mehr verlotterte.

Da ging sie in den Wald hinaus zu einem alten Einsiedler und erzählte ihm von ihrem Kummer. Sie sagte: „Die Zeiten sind schlecht, kannst Du mir denn nicht helfen?"

Der weise Mann gab ihr ein kleines verschlossenes Kästchen und sprach zu ihr: „Du mußt dieses Kästchen dreimal am Tag und dreimal in der Nacht im ganzen Haus herumtragen, in der Küche, im Keller, im Stall und in jedem Winkel, dann wird es schon besser gehen. Bringe mir aber in einem Jahr das Kästchen wieder zurück."

Die Frau befolgte den Rat des Einsiedlers ganz genau und trug das Kästchen fleißig umher. Dabei entdeckte und sah sie vieles, was ihr vorher unbekannt gewesen war.

Als ein Jahr um war, brachte sie dem Einsiedler das Kästchen zurück und sagte: „Hab' Dank guter Mann, Dein Kästchen hat mir sehr geholfen. Bei mir ist der Wohlstand wieder eingezo-

gen, und mein Haus ist gut bestellt. Doch, sag an, was ist denn drin in Deinem Zauberkästchen, das solche Wunder vollbringen kann?"

Da lächelte der alte Einsiedler und sagte: „Das Kästchen ist leer, das Wunder hast Du selber vollbracht, weil Du dich noch mehr um Dein Haus gekümmert hast als zuvor und überall nach dem Rechten gesehen hast!"

Wie in der Geschichte der Bauersfrau, gibt es leider auch in der Gastronomie kein wundersames Kästchen, keine Geheimrezepte, die einem Betrieb langfristigen Erfolg garantieren können.

Dazu braucht es eher Dinge wie Kreativität, Mut, Fleiß, Ausdauer und Geduld.

Auch sehr viel Begeisterungsfähigkeit und Teamgeist sind gefragt, denn Einzelpersonen erreichen in unserer Branche nur wenig.

Zumindest theoretisch haben eigentlich alle Hotels und Restaurants die gleichen Ziele. Nur die Art und Weise, wie diese verfolgt werden, ist sehr verschieden.

Die einen warten auf bessere Zeiten oder auf den geheimnisvollen Inhalt eines Wunderkästchens, nach dem Motto: „Es gibt viel zu tun, warten wir's ab."

Die anderen, wie z.B. unser Haus, gehen die Zukunft zuversichtlich und dynamisch an.

So haben wir uns beispielsweise in den letzten Monaten zertifizieren lassen, die Aus- und Weiterbildungsmöglichkeiten unseres Teams intensiviert und - deshalb sind wir heute zusammengekommen - dieses Gästehaus gebaut.

Denn wer aufhört, besser zu werden, der hat aufgehört, gut zu sein.

Alle Anstrengungen haben aber eigentlich nur ein einziges, sehr hochgestecktes Ziel:

Sie, liebe Gäste, auf lange Sicht nicht nur zufriedenzustellen, sondern sogar zu begeistern.

Und nun lade ich Sie ein zu einem kleinen Rundgang durch unser neues Schmuckstück.

Beispiel 12:

Kurzreferat zum Thema:

„Wie erhöhen wir die Leistungsbereitschaft unserer Mitarbeiter?"

Es spricht ein Abteilungsleiter vor Kollegen des mittleren Managements

„Wer seine Mitarbeiter mit Erdnüssen bezahlt, muß sich nicht wundern, wenn er von lauter Schimpansen umgeben ist."

Als ich, liebe Kolleginnen und Kollegen, dieser Tage diesen Spruch von Klaus Kobjoll, einem bekannten deutschen Motivationstrainer las, mußte ich schmunzeln.

Gleichzeitig aber fragte ich mich: welche Rolle spielt Geld überhaupt für die Leistungsbereitschaft unserer Mitarbeiter?

Kann zu viel Geld nicht auch satt machen?

Welche anderen Motivationsfaktoren aber gibt es?

Genau mit diesen Fragen werden wir uns in unserem heutigen Wochenmeeting gemeinsam auseinandersetzen.

Ich begrüße Sie und wünsche Ihnen einen guten Morgen.

Nicht zum Schmunzeln, sondern zum Nachdenken brachte mich eine Geschichte, die ich dieser Tage in der SZ las:

An einer großen Baustelle kam einmal ein Spaziergänger vorbei und fragte drei Arbeiter:

„Was macht ihr hier?"

Der erste gab zur Antwort:

„Ich klopfe Steine."

„Ich verdiene hier mein Geld", antwortete der zweite.

Und der dritte? Der überlegte kurz und bekannte voller Stolz in der Stimme:

„Ich helfe mit, an einem Dom zu bauen."

Mit welchem von den dreien würden Sie am liebsten zusammenarbeiten? Dumme Frage, natürlich mit dem letzteren, stimmt's?

Wie bekommt man Mitarbeiter mit dieser Einstellung?

Als erstes müssen wir uns - glaube ich - fragen: Leben wir diese Einstellung vor?

Sokrates sagt:

„Ein Mann, der die Welt verändern will, muß bei sich selbst anfangen."

An welchem Dom arbeiten wir, die Vorgesetzten?

„Mauern" wir nur oder sind wir Architekten einer großen Idee? Das ist die Kernfrage.

Ich frage Sie: Worin besteht denn unser Dom, an dem wir bauen? Haben wir eine Vision, können wir in unseren Unternehmenszielen zumindest die Umrisse eines Domes erkennen, der unseres ganzen Einsatzes würdig ist?

Unser Dom?

Ist das ein Leistungsziel, das jeden, der danach strebt, schon vorab mit Stolz erfüllt?

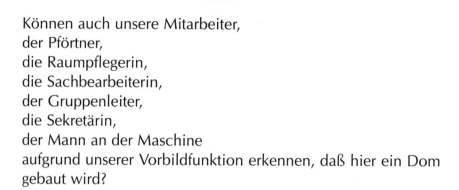

Können auch unsere Mitarbeiter,
der Pförtner,
die Raumpflegerin,
die Sachbearbeiterin,
der Gruppenleiter,
die Sekretärin,
der Mann an der Maschine
aufgrund unserer Vorbildfunktion erkennen, daß hier ein Dom gebaut wird?

Sind sie begeistert, identifizieren sie sich damit, sind sie von dem Willen beseelt, freiwillig ihr Bestes zu geben, jeder an seinem Platz, um das Bauwerk zu vollenden?

Ich gebe zu: ich habe in den vergangenen Minuten viele Fragen gestellt.

Lassen Sie uns gemeinsam nach den Antworten suchen.

Suchwortregister

Aberglaube 11; 83;
Aktivität 42; 43; 48;
Ändern 62;
Akzeptieren 78;
Alkohol 98;
Alltag 167;
Alter 159; 165;
Anerkennung 09; 89;
Angeberei 51; 96;
Angeborenes Verhalten 46; 54;
Angst 04; 11; 34; 52;
Anpacken 35; 42; 43; 87; 132; 144; 150; 152; 158;
Anpassung 10; 17; 60; 70; 91; 136; 137;
Anspruchsdenken 31;
Arbeit 21; 29; 40; 92; 142; 143;
Armut 27; 31; 154;
Aufgeblasenheit 51; 96;
Aufgeklärtheit 90;
Aufgeschlossenheit 117;
Aufschieben 09; 29; 132; 158;
Ausdauer 06; 12; 15; 20; 42; 146;
Authentizität 96;
Autorität 17; 70; 84;
Barmherzigkeit 72;
Befehl 70;
Begeisterung 142;
Begierde 02; 108;
Beharrlichkeit 06; 12; 15; 19; 42; 146;
Beleidigen 122;
Belohnung 56;
Bescheidenheit 26;
Beschränktheit 79;
Besitz 02; 03; 26; 27; 29; 31; 63; 65; 66; 116;
Bestechung 75;
Bestimmung 46; 57; 69; 80; 81; 97; 102;
Beurteilen 32; 40; 123; 148;
Bildung 28; 29; 124;
Blick für das Wesentliche 23; 124;
Bosheit 58; 93; 106;
Bürokratismus 70;
Chance 95; 100; 152;
Charakter 110;
Chef 155;
Dankbarkeit 59; 72; 141;
Dialekt 147;
Dialektik 49; 82; 99; 133;
Diplomatie 45; 99;
Distanz 41

Dressur 60; 91;
Dummheit 79;
Durst 98;
Egoismus 14; 22; 85; 93; 108;
Ehe 119;
Ehrlichkeit 07; 96; 166;
Eile 111; 113; 126; 134;
Einfühlungsvermögen 38; 78; 89; 99; 133;
Einstellung 11; 21; 89; 123; 127; 142; 164;
Eltern 24; 123;
Engstirnigkeit 79; 127;
Entscheiden 95; 158;
Entschlossenheit 35;
Entwicklung 19; 20; 54; 55; 62; 159; 165; 167; 168;
Erbgut 46; 68;
Erfahrung 36; 62;
Erfolg 12; 53; 55; 96; 129; 157; 160;
Erkenntnis 164;
Erziehung 06; 20; 24; 38; 60; 62; 68; 78; 91;
Experte 17; 83;
Fachmann 17; 36;
Fachwissen 30;
Familie 25; 78;
Fehler 13;
Feindschaft 58; 89;
Flexibilität 10; 36;
Fleiß 12; 15; 40; 92; 130; 146;
Fortschritt 55; 167; 168;
Fragetechnik 82;
Freigebigkeit 63;
Freiheit 02; 163;
Freude 92;
Freunde 25; 39; 114; 139;
Friede 41; 58; 89; 101; 122;
Frömmigkeit 127;
Fügung 34; 57; 71; 80; 81; 102;
Führung 14; 38; 60; 61; 128; 155;
Furcht 04; 11; 34; 52;
Fusion 86;
Ganzheitlichkeit 28; 30;
Gebet 50;
Geburtstag 56; 159; 165;
Geduld 19; 20;
Gefahr 139;
Gegensätze 89;
Gehorsam 60; 136; 137;
Gelassenheit 57; 71; 109; 111; 112; 113; 118; 125;

Gelübde 141;
Gemeinschaft 41;
Generationenvertrag 18;
Genie 15;
Genießen 03; 125;
Gerücht 52;
Geschenk 56;
Geschwätzigkeit 104;
Geschwindigkeit 111;
Geselligkeit 114;
Gesellschaft 41;
Gesundheit 05; 17; 27;
Gewissen 70; 140; 163; 166;
Gewohnheit 36; 46; 98; 103;
Glaube 11; 39; 80; 90; 94; 149;
Glück 23; 25; 27; 29; 48; 116; 137; 157; 160; 162;
Gott 39; 40; 81; 102;
Größenwahn 51;
Großmut 122;
Habgier 26; 29; 66; 93; 108; 116;
Handeln 42; 43; 95; 144; 158;
Harmonie 119;
Haß 122;
Hektik 126; 134;
Hilfe 59; 74; 88; 139;
Himmel 14; 110;
Hölle 14
Hoffen 42; 43;
Homöopathie 05;
Horizont 16; 54; 79;
Ideale 163;
Idol 151;
Image 96;
Information 30;
Initiative 21; 43; 87; 95; 132; 144; 150; 158;
Innovation 05;
Jugend 159; 165;
Karriere 06; 29; 53; 129; 153; 162;
Kindheit 140; 156;
Kirche 40; 75;
Kleidung 08;
Klugheit 45; 84;
Kommunikation 38; 45; 67; 82; 122; 133;
Kompetenz 17;
Konsum 02;
Konkurrenz 53; 74;
Kontakt 41; 114;
Kooperation 22;41; 47; 49; 59; 74; 86; 101; 131; 139;
Konzentration 109;
Krankheit 05; 17; 100;
Kreativität 01; 05; 16; 23; 35; 84; 93;

Krieg 58;
Kritik 73; 133; 148;
Kundenservice 103;
Lampenfieber 138;
Leben 18; 34; 40; 44; 62; 63; 64; 65; 100; 107; 114; 117; 167;
Lebensqualität 25; 27; 29; 31; 92; 109; 115; 116; 118; 135; 143; 160; 161; 162;
Leistung 21; 53; 92; 130; 142; 143;
Licht und Schatten 13;
Liebe 25; 101;
List 50; 80; 99;
Lob 89;
Lösungen 24;
Loslassen 02; 63; 108; 113; 118;
Lügen 45;
Lob 09;
Management 128; 155;
Manipulation 73; 80;
Marketing 73;
Medizin 17;
Meinungsbildung 30; 32; 33; 40; 123; 136;
Menschenkenntnis 106;
Mißerfolg 06; 146;
Mißtrauen 33; 120;
Mißverständnis 67;
Mode 08;
Modern 90;
Moral 127;
Motivation 21; 24; 38; 60; 61; 68; 80; 92; 142; 143;
Muße 64; 109; 111; 112; 113; 126; 135;
Mut 42; 144; 145; 150;
Mutlosigkeit 19;
Nachahmen 96; 151;
Nachbar 33; 58; 74; 75; 93;
Nachgeben 10;
Nachwelt 18;
Nähe 41;
Natürlichkeit 96; 147;
Natur des Menschen 73; 106; 107; 110;
Negatives Denken 11; 13; 33; 35; 93; 120; 127;
Neid 32; 93; 127;
Not 39; 139;
Nutzen bieten 18; 22; 41; 46; 47; 59; 74; 75; 97; 129;
Ökologie 18;
Optimismus 42; 165;
Organisation 128;
Outfit 08;
Panik 04; 52;
Partnerschaft 14; 22; 25; 47; 59; 139;
Pause 104;

Pech 158;
Phantasie 01; 05; 16; 23; 35; 84; 93;
Perfektionismus 13;
Persönlichkeit 96; 110; 121; 154; 157; 162; 163; 164; 165; 166; 167;
Pessimismus 11;
Pharisäertum 75; 127;
Planung 29; 48; 117;
Politik 77;
Positives Denken 11; 42; 55; 57; 89; 106; 133; 164;
Potential 54; 150; 152;
Prinzipien 140;
Probleme 85;
Prophezeiung 11; 83;
Psychologie 38; 45; 82; 99; 133;
Querdenker 145;
Ratschläge 132;
Rauchen 82;
Reden 38; 104;
Regierung 77;
Reichtum 02; 03; 26; 27; 29; 31; 63; 65; 66; 115; 143; 154;
Relativ 31; 55; 57; 85;
Religion 90;
Resignation 42; 87;
Rezepte 24;
Rhetorik 104; 138; 146;
Risiko 163;
Rückschläge 06;
Ruhestand 29;
Schein 08; 96;
Scheinheiligkeit 75; 127;
Schenken 56; 63;
Scheuklappen 16; 54;
Schicksal 06; 34; 57; 71; 80; 81; 95; 97; 102; 124; 125; 158;
Schmerzen 100;
Schnelligkeit 53; 111; 112; 126; 153;
Schuld 70;
Schule 28; 60; 91;
Schweigen 105; 119; 122;
Sein und Haben 63; 65; 96; 121; 143;
Selbstbewußtsein 43; 96;
Selbstdarstellung;
Selbsterkenntnis 13; 68; 69; 121; 154; 166;
Selbstüberschätzung 51; 96;
Selbstvertrauen 11; 19; 43; 118; 136; 137; 149; 150;
Selbstverwirklichung 27; 68; 88; 92; 95; 142; 143;
Sieg 158; 163;
Sinn des Lebens 09; 13; 18; 21; 25; 26; 27; 29; 44; 62; 88; 92; 100; 114; 115; 167;

Sorgen 71; 85; 118; 141;
Spezialist 17;
Solidarität 37; 38;
Standhaftigkeit 37;
Standpunkt 32; 67;
Stille 104; 105; 107; 113;
Stolz 10;
Streß 64; 111; 112; 113; 134;
Streit 89; 99; 119; 122;
Sturheit 10;
Sucht 98;
Tagesplanung 09; 109; 126;
Taktik 10; 99;
Talent 15; 68; 150; 152;
Team 14; 22; 41; 47; 74; 75; 86; 131;
Teufelskreis 98;
Theorie und Praxis 28; 61; 149;
Tischrede 138;
Tod 17; 124;
Toleranz 119;
Treue 37;
Trinken 98;
Trotz 10;
Tugend 72;
Überzeugungskraft 07;
Übung 15; 146;
Umwelt 18;
Undank 141;
Ungeduld 19; 20; 39; 66;
Unterwürfigkeit 17;
Veränderung 54; 62; 69;
Verantwortung 18; 21; 137; 142; 166;
Verblendung 51;
Verbündete 131;
Verdächtigen 120;
Vergleichen 31; 85; 151;
Verhandlungstechnik 49; 50; 82; 99;
Verlangen 115;
Versprechen 141;
Versöhnung 101; 122;
Verständnis 78;
Vertrauen 39; 71; 77; 81; 94; 106;
Vision 06; 29; 35; 48; 68; 97;
Vollkommenheit 13;
Vorbestimmung 34;
Vorbild 07; 140; 151;
Vorgesetzte 155;
Vorsätze 132;
Vorsprung 53; 153;
Vorurteil 30; 32; 120; 123; 148;
Wachsen 19; 20;
Wahrheit 45; 133;
Wandel 54; 69; 158;
Weisheit 118;

Weitblick 16; 23; 48;
Weissagung 83;
Weltanschauung 16; 30; 79;
Werbung 73;
Werte 40; 107; 121; 143; 154;
Wettbewerb 53; 128;
Wetter 83;
Wirtschaft 11; 86;
Wissen 28; 124;
Wohnen 31;
Wunder 05; 15; 130; 149;
Zeitmanagement 09; 29; 64; 92; 109; 116; 125; 126; 134; 135; 143; 157; 160; 161;
Ziele 19; 29; 35; 117; 143;
Zielstrebigkeit 06; 130;
Zivilcourage 70; 136; 145; 163;
Zufriedenheit 19; 31; 55; 97; 115;
Zuhören 67; 107;
Zukunft 48; 71; 83;
Zusammenarbeit 14; 22; 41; 47; 58; 74; 86; 128; 131; 139;
Zuverlässigkeit 37;
Zweifel 19; 81;

Vom gleichen Autor:

Zitate Pointen Geistesblitze

... von Aristoteles bis Zuckmayer

**DIE TREFFENDSTEN,
DIE PFIFFIGSTEN,
DIE GEISTREICHSTEN ...**

... ausgewählt von Gerhard Reichel

Die Fundgrube für Redner, Texter, Manager, Moderatoren, Journalisten, Autoren und alle, die mit dem geschriebenen oder gesprochenen Wort Wirkung erzielen wollen.

Verlag Brigitte Reichel
91301 Forchheim · Goethestraße 1
Telefax 0 91 91 - 28 01

ISBN 3-923241-02-X

Vom gleichen Autor:

Argumente · Namen · Zahlen · Daten · Fakten
und Vorgänge abrufbereit speichern

Verlag Brigitte Reichel

ISBN 3-923241-01-1